La justice populaire au Cameroun

Pierre Borice MENOUNGA

La justice populaire au Cameroun

Entre logiques justifiées
et politiques d'endiguement

L'Harmattan
Cameroun

5-7, rue de l'Ecole-Polytechnique, 75005 Paris

http://www.editions-harmattan.fr

ISBN : 978-2-343-19315-1
EAN : 9782343193151

À ma famille, particulièrement à ma mère dont le handicap a toujours été source de motivation et à mon magnanime frère aîné omniprésent.

Ma déférente gratitude à l'endroit de monsieur et madame Ayissi. Que tous ceux qui de près ou de loin ont été d'un apport indéfectible à la réalisation de cet ouvrage trouvent ici l'expression de mes remerciements.

SOMMAIRE

LISTE DES SIGLES ET ABRÉVIATIONS

- ACP : groupe des États d'Afrique, des Caribes et du Pacifique
- ANIF : Agence Nationale d'Investigation Financière
- APE : Accord de Partenariat Economique
- ARMP : Agence de Régulation des Marchés Publics
- BAD : Banque Africaine de Développement
- BM : Banque Mondiale
- CEMAC : Communauté Economique et Monétaire de l'Afrique Centrale
- CER : Communauté Economique Régionale
- CONAC : Commission nationale Anticorruption
- CONSUPE : Contrôle Supérieur de l'État
- FEICOM : Fonds Spécial d'Équipement Inter Communal
- FMI : Fonds Monétaire International
- FODIAS : Forum de la Diaspora
- OHADA : Organisation pour l'Harmonisation en Afrique du Droit des Affaires
- SAGO : Salon de l'Action Gouvernementale
- TCS : Tribunal Criminel Spécial
- UA : Union Africaine
- UE : Union européenne

AVANT-PROPOS

On est si peu habitué à traiter les faits sociaux scientifiquement que certaines des propositions contenues dans cet ouvrage risquent de surprendre le lecteur (...), car l'objet de toute science est de faire des découvertes et toute découverte déconcerte plus ou moins les opinions reçues.

Par ces précisions, Émile DURKHEIM sociologue de haut vol posait délicatement les règles de base de la méthode sociologique. Le macrocosme africain est un champ offrant diverses opportunités d'exploration scientifique.

Je me suis longtemps intéressé aux discours politiques des différentes sphères géographiques qui constituent la planète. Les dirigeants politiques manquent difficilement si ce n'est jamais l'occasion, sur les « tribunes officielles », de vanter les droits de l'homme dans les pays développés et de souligner les avancées remarquables chez les pays en développement. Respect des droits de l'homme ou protection des acquis en matière de défense desdits droits, l'idée de fond est la même tant à l'échelle nationale, sous régionale, régionale que mondiale.

Suite à une longue hésitation dans un contexte de désagrégation du tissu sécuritaire, l'attention a été portée sur un phénomène dont la récurrence finit par ne plus inquiéter les Africains en général et les Camerounais en particulier. Les entorses aux droits de l'homme sont de diverses formes en ce XXIe siècle, l'actualité en Libye faisant force avec en l'occurrence le trafic et la traite des personnes. La tendance au Cameroun semble être favorable à la justice populaire, une forme de barbarie moyenâgeuse où l'animalité prime sur la raison.

La sévérité de la répression des individus considérés comme « hors la loi » corrobore la déconcertante plasticité sémantique du terme justice populaire.

Face à des économies parcimonieuses dérobées par un « esprit malveillant », des actes humainement reprochables, la réplique de la « meute » est ferme et acerbe. La contiguïté de tels aspects s'illustre clairement dans cet ouvrage par un ensemble qui met en valeur objectivité et rigueur scientifique.

Il est important que le lecteur garde à l'esprit que la justice populaire n'est pas une spécificité camerounaise, encore moins africaine. Elle est une réalité universelle aux imbrications séculaires dans les sociétés de greffe incomplète, où l'État est en crise et dont les défis de développement se posent avec acuité.

INTRODUCTION

La recrudescence du phénomène de justice populaire est une évidence à n'en point douter au regard des villes où le développement exponentiel de la population rime avec les activités à forte valeur ajoutée économique. La question est encore plus préoccupante dans les pays pauvres dits en voie de développement.

Je ne saurais mener une réflexion sur la justice populaire sans commencer par un constat. Celui-ci résulte d'une anecdote qui me renvoie à mes premières heures dans la ville de Douala. Ayant en effet obtenu le baccalauréat en 2012 dans la région du Centre, j'ai choisi de faire le cycle universitaire à Douala. Le premier jour de cours, sur le chemin du campus, partant de Ndogbong aux environs de 7 h 30, je vis un corps qui gisait sur le sol au lieu-dit « carrefour du Palais » à Ndokoti[1], devant le Tribunal de Première Instance.

« Au secours ! », « Bandit », « voleur ! », « arrêtez-le ! », etc. Voilà quelques expressions dont la teneur anodine peut pourtant transformer radicalement même l'individu le moins concerné par une situation en un véritable vautre. Le mis en cause se voit ainsi ouvrir les sentiers du précipice, se percevant comme une très fraîche morille dans la conscience collective au cœur de l'action. Dans ce contexte, il ne semble pas exagéré d'affirmer que deux personnes sur trois (2/3) de la ville de Douala par

---

[1] Ndokoti, Carrefour stratégique et déterminant dans l'économie sous-régionale de l'espace CEMAC située dans la ville de Douala, capitale économique du Cameroun.

exemple ont au moins une idée de ce à quoi renvoie la justice populaire. Expression que certains n'osent pas véritablement prononcer. Expression lourde de sens, aux contours flous qui dégagent subrepticement un usage abusif. À tort ou à raison, certains la considèrent comme de la légitime défense.

Pourtant, les droits de l'Homme sont reconnus sur les plans mondial, régional et sous régional. Des efforts sont faits pour la protection des communautés en général et des individus en particulier. Sous ce prisme, un tel phénomène déshumanise au sens sociologique et juridique. Subséquemment à cette confusion entre le droit et la justice pour soi-même créée dans l'esprit collectif, des interrogations légitimes peuvent apparaître. La première impliquant une clarification conceptuelle, voire la nécessité d'un cadrage sémantique. Autrement dit, qu'est-ce que la justice populaire ? À quoi renvoie cette réalité ambiante dans la société africaine en général et Camerounaise en particulier ? Une autre piste conduit à des prédispositions visant à interroger le phénomène, le faire parler pour en cerner les causes et les déterminants dans un contexte où le discours populaire légitime le fait considéré et le revendique de droit. Concrètement, comment comprendre la recrudescence de la justice populaire dans une société institutionnellement établie ? Cette problématique amène à questionner la notion d'État, car, dans un État qui se veut de droit, la justice est rendue par des autorités compétentes, dont les responsabilités sont clairement définies. Une telle situation traduit l'enracinement superficiel de l'institution qui revigore le débat sur la greffe et l'appropriation de l'État westphalien par les sociétés d'Afrique subsaharienne. Pour la population naturellement, le sentiment est mitigé. D'une part, on regarde avec condescendance le mis en cause. D'autre part, il s'agit de la réponse d'une société en difficulté face aux forfaits dont la culpabilité de la victime est ou non établie. Cette tendance renvoie également pour les populations à la carence, la crise de la crédibilité des institutions avec pour conséquence l'orientation vers un mode alternatif à la justice institutionnelle. Face à de telles situations, quelle place occupe "le haut" en tant que véritable dépositaire de la violence physique légitime, entendu la puissance publique telle qu'envisagée par les théoriciens du droit public ? Enfin, quelles sont les perspectives envisageables pour juguler le phénomène dont la récurrence dans les villes Camerounaises n'est plus à démontrer ?

Des interrogations plurielles peuvent se dégager de cette problématique en rapport avec la justice populaire. Cet ouvrage est moins un cadre théorique qu'une grille de lecture des déterminants et des conséquences sociales et politiques du phénomène de justice populaire en Afrique. La pertinence de cette réflexion réside dans l'approche que propose l'auteur pour démontrer la non-appropriation du concept d'État en Afrique au sens occidental. En effet, autant la crise de l'État permet de comprendre la recrudescence de la justice populaire, autant le paupérisme ambiant et les indicateurs sociaux vivifient le phénomène. Dès lors, l'ouvrage propose une large vue et rouvre le débat pour un ancrage étatique dans les cultures et un ancrage des usages culturels dans le champ de la positivité normative, il propose des solutions afin d'atténuer si ce n'est d'éradiquer la pauvreté, source de tensions et des perspectives permettant de renforcer la justice institutionnelle au détriment de la justice populaire.

CHAPITRE PRÉLIMINAIRE

CLARIFICATIONS CONCEPTUELLES

Aborder la question de justice populaire oblige à l'élaguer d'un certain nombre de considérations qui semblent rendre incompréhensible le concept et renforcer la difficulté de son intelligibilité. Le cadrage sémantique de cette notion implique de la différencier de la légitime défense, notion avec laquelle il s'opère une confusion systématique. Toute perspective avérée, il est question d'analyser dans le champ d'études de l'Afrique subsaharienne en général et au Cameroun en particulier, un phénomène liberticide dans un pays où, la légitimité discursive le réclame de droit.

I. DE LA JUSTICE POPULAIRE

Un regard rétrospectif ramène à l'Antiquité gréco-romaine où le terme justice renvoyait à une réalité duale. Non seulement elle pouvait être entrevue comme justice intérieure, intrinsèque à l'homme, désignant alors la conscience moderne, juge personnel infaillible, mais aussi comme une institution[2]. L'histoire de la justice populaire est toutefois très ancienne.

Dans le Dictionnaire français, le terme justice désigne la « règle de ce qui est conforme au droit de chacun, volonté constante et perpétuelle de donner à chacun ce qui lui appartient »[3]. Juridiquement, la justice renvoie simplement

---

[2] Antoine NGUIDJOL : *Platon, procès de la démocratie africaine*, Éditions Harmattan, 2008.
[3] *Le Nouveau LITTRÉ*, édition augmentée du petit LITTRÉ, Garnier, 2004.

au pouvoir de dire et de faire respecter le droit considéré comme l'ensemble des règles et obligations applicables dans une société à une époque donnée. Associée à l'adjectif populaire, elle désigne une vengeance collective sur un individu dont la culpabilité est certaine ou mal établie. C'est un mode opératoire par lequel le peuple se rend justice indépendamment du respect des moyens légaux de justice institutionnelle.

Injection d'eau, injection de lait ou d'alcool dans les veines, repassage au fer chaud, immolation au feu, sont autant de pratiques qui rivalisent d'adresse entre elles pour susciter la terreur et dissuader de potentiels délinquants.

La justice personnelle rendue proportionnellement dans un groupe est de loin différente de celle institutionnelle. Il suffit, dans un milieu fréquenté, qu'il y ait un soupçon de vol qui pèse sur un individu ou que soient lancés des cris d'alerte et de détresse pour que s'en suive alors une course poursuite aux conséquences régulièrement connues : bastonnades, châtiments, tortures, flagellations, traitements inhumains ou dégradants et dans les situations extrêmes, la mort. Un Camerounais vivant à NKONGMONDO [4] explique : « Très souvent, il suffit de courir dans le mauvais sens au mauvais moment et au mauvais endroit lorsqu'un bandit est poursuivi par une meute de personnes en soif de vengeance pour être confondu à celui-ci, si jamais ce dernier s'échappe et d'en connaître les conséquences funestes ».

Les explosions de colère[5] de la foule contre de présumés bandits sont si disproportionnelles et contraires à toute forme de justice légale que, pour un téléphone portable volé à valeur de 5000 (cinq mille) FCFA, l'individu soupçonné

---

[4] Quartier populaire de Douala réputé pour son taux de délinquance.
[5] Marc PISTORI, *La sagesse de nos colères : de la colère qui détruit à la colère qui construit*, Les éditions de l'homme, 2010, p.71.

d'avoir commis le forfait peut être brûlé vif. Il est tout aussi vrai que sur la base de convictions religieuses et culturelles, la justice populaire qui dans le monde occidental constitue un crime peut constituer un mode de justice dans la zone arabophone ou chrétienne. Il est opportun de s'interroger sur la légitime défense, expression que brandissent les auteurs de la justice populaire dont les actes sont essentiellement semblables à ceux d'une époque antérieure à la consécration de la protection universelle des droits de l'homme et du citoyen.

II. LA LÉGITIME DÉFENSE

La confusion faite par la masse entre la justice populaire et la légitime défense appelle à une clarification dans le souci de rendre perceptible et intelligible le sens des deux expressions. Cette clarification peut sensiblement transparaître du Code pénal camerounais en vigueur. Juridiquement, la légitime défense constitue tout comme l'état de nécessité, un moyen reconnu par la loi pour atténuer les peines. À la seule différence que, dans le premier cas, l'agent est agressé et essaie d'apporter une riposte et dans le second, il est l'agresseur. Au-delà des enjeux de puissance qui se jouent dans le macrocosme mondial où, il a été instauré une forme préventive de légitime défense au début du XXIe siècle avec la lutte contre le terrorisme en Irak, la légitime défense s'élucide aussi bien par les conditions d'agression (A) que dans celles de la riposte qui s'ensuit (B).

A. Les conditions d'agression

L'article 84 du Code pénal camerounais dispose que : « La responsabilité pénale ne peut résulter d'un acte commandé par la nécessité immédiate de la défense de soi-même ou d'autrui ou d'un droit appartenant à soi-même ou à autrui contre une atteinte illégitime à condition que la défense soit proportionnelle à la gravite de l'atteinte ».

Cet article parle d'abord d'atteinte à l'intégrité physique. Mais en effet, l'agression peut aussi porter atteinte aux biens. Cette agression doit être immédiate, actuelle et imminente pour éviter de plonger dans une sorte de préméditation, ce qui viderait le concept de légitime défense de son sens pour constituer en réalité une cause d'aggravation des peines. L'agression doit également être injuste et contraire aux lois et règlements de la République pour légitimer l'action de défense et de riposte.

B. La riposte en légitime défense

L'acte de riposte d'une agression doit comporter des conditions pour être en situation de légitime défense.

La riposte doit subséquemment être proportionnelle à l'agression. Il revient alors au juge d'établir la proportionnalité de l'acte. Pour ce qui est de la justice populaire, à cause du téléphone portable d'un prix largement insignifiant, le principal agresseur présumé devenu victime peut se prendre un passeport pour l'au-delà. Pour la masse qui enclenche l'action de brandir cet argument de légitime défense pour justifier ce crime, c'est dire que dans l'esprit de ce collectif, la vie d'un individu vaudrait une telle somme, voire rien du tout.

Elle doit également être nécessaire et actuelle dans le but de repousser l'agression. L'alinéa 2 de l'article 84 dispose : *il y a toujours juste proportion entre l'homicide et l'atteinte qui donne lieu de craindre soit la mort, soit les blessures graves (...), soit le viol ou la sodomie*. Seulement, dans une perspective heuristique, la justice populaire est prohibée dans tout État qui se réclamerait de droit. La légitime défense par contre constitue une circonstance d'atténuation des peines. Aussi, elle se caractérise par l'imminence de l'agression, son immédiateté et la proportionnalité de la riposte. Or, les acteurs de la justice populaire sont souvent des personnes non impliquées dans l'action au cœur du phénomène. L'on questionnera alors cette proportionnalité qui, dans la plupart des cas existe difficilement parfois, pas du tout. Dès lors, la justice populaire dans un État de droit constitue un fléau qu'il est urgent d'éradiquer à travers fondamentalement l'identification des causes et de ses déterminants.

PARTIE I

ESSAI D'IDENTIFICATION DES CAUSES ET DÉTERMINANTS DE LA JUSTICE POPULAIRE

Les multiples descentes sur le terrain ont produit des résultats qui sensiblement traduisent l'effectivité d'un certain nombre de réalités. Une telle démarche est prisée dans la logique des sciences sociales, car elle traduit la prise en compte de données empiriques nécessaires à la compréhension de l'occurrence du phénomène considéré. Les études ont porté sur l'échantillon de 2000 (personnes) soit 1000 par ville dans les deux plus grandes agglomérations du Cameroun à savoir Yaoundé et Douala.

Le travail consistait en l'interrogation de différentes classes professionnelles, sociales et de genre sur le phénomène de justice populaire. Les résultats de cette enquête ont été aussi nécessaires que surprenants.

DE LA DÉMARCHE SCIENTIFIQUE

Tableau N° 1_: Étude menée à Yaoundé, capitale politique du Cameroun sur les personnes favorables la justice populaire, reparties en fonction de leurs régions d'origine.

R.O / Âge	C	L	O	E	N.O	S.O	S	N	E.N	AD	Total
15-25	70	19	33	1	3	4	8	3	2	9	152
25-35	52	26	56	2	5	11	12	0	4	0	168
35/plus	47	18	12	0	1	0	3	6	1	2	90
Total	169	63	101	3	9	15	23	9	7	11	410

AD. : ADAMAOUA ; C. : CENTRE ; E. : EST ;
E. N : EXTRÊME NORD ; L. : LITTORAL ; N. : NORD ;
N.O. : NORD-OUEST ; O. : OUEST ; S. : SUD ;
S.O. : SUD-OUEST ; R.O. : région d'Origine.

Tableau N° 2 : Occurrence des personnes opposées au phénomène de justice populaire dans la ville de Yaoundé.

R.O / Âge	C	L	O	E	N.O	S.O	S	N	E.N	AD	Total
15-25	96	11	10	7	5	0	2	1	4	10	146
25-35	228	5	16	10	7	8	3	9	13	18	317
35/plus	77	8	21	1	5	2	3	6	4	0	127
T	401	24	47	18	17	10	8	16	21	28	590

Soit un pourcentage réel de la population de Yaoundé pro-justice populaire de 41 % pour 59 % dont les orientations sont précisément négatives face au phénomène.

L'observation de cette étude oblige à s'appesantir tout particulièrement sur les trois régions d'origine à forte densité démographique au Cameroun. Il s'agit du Centre, du Littoral et l'Ouest.

Pour le Centre, sur 1000 individus rencontrés, 570 en sont originaires. Dans cette tranche de la population, 169 personnes sont favorables à la justice populaire et 401 en défaveur de ce phénomène soit un pourcentage de 29,65 % pour et 70,35 % contre.

Dans le même sillage, 72,41 % de résidents de Yaoundé, originaires du littoral sont pour la justice populaire. Seulement, 27,59 % contre le phénomène décrié. Enfin, comme évoqué, la troisième région qui interpelle est celle de l'Ouest avec 68,24 % qui soutiennent l'idée d'une justice populaire contre 31,76 % dont la réceptivité n'est pas avérée.

Les enquêtes ont conduit à faire une halte dans la région du Littoral où sur un échantillon de 1000 individus de divers bords professionnels confondus, allant du secteur privé au public en passant par les chercheurs d'emplois et les personnes en phase de scolarisation, les résultats sont les suivants :

Tableau N° 3 : Représentation de l'échantillon de citoyens de la ville de Douala favorables à la justice populaire (soit un pourcentage de 62,3 %).

RO Âge	C	L	O	NO	SO	EN	N	S	AD	E	TOTAL
15-25	44	16	39	14	0	2	9	1	5	8	138
25-35	35	118	101	20	7	6	6	16	3	6	318
35/plus	17	72	49	16	5	0	0	0	2	6	167
TOTAL	96	206	189	50	12	8	15	17	10	20	623

Tableau N° 4 : Tableau représentatif de l'échantillon de citoyens contre la justice populaire dans la ville de Douala.

RO Âge	C	L	O	NO	SO	EN	N	S	AD	E	TOTAL
15-25	41	20	7	8	5	0	1	11	8	4	105
25-35	89	27	19	10	6	13	11	2	0	3	180
35/plus	32	11	23	3	6	1	0	6	3	7	92
TOTAL	162	58	49	21	17	14	12	19	11	14	377

L'analyse de ces travaux montre principalement toutes les régions d'origine qui sont représentées, mais pour des raisons d'opérationnalité, l'on analysera les trois principales qui se démarquent.

Pour les ressortissants de la région du Centre, sur un échantillon de 1000 personnes approchées, 37,20 % des citoyens sont favorables à la justice populaire contre 62,80 % qui réfutent ce phénomène.

Pour ce qui est des ressortissants du Littoral, il apparaît que 78,03 % des habitants sont favorables à la justice populaire. De l'autre côté, nous comptons 21,97 % contre cette tendance.

Enfin, la région de l'Ouest présente un taux de 79,4 % habitants pro et 20,6 % contre la justice populaire sur l'échantillon considéré.

À la lumière de ces résultats, de nombreuses observations se dégagent. Le premier constat montre que la région du Littoral, mieux, les ressortissants du Littoral sont naturellement les plus enclins à la justice populaire, qu'ils soient résidents de Yaoundé ou de Douala.

À cela s'ajoute la région de l'Ouest avec un taux non négligeable de partisans de la justice populaire.

Dans la foulée de la perception de l'autre au Cameroun, il est communément admis que certains sont plus violents et résistants que d'autres. Certains se démarquent par leur sens du capitalisme et des affaires. Au-delà de la perception scientifique à la lumière des faits et pour des raisons de cohésion et de respect du vivre ensemble, l'on se passera des jugements de valeur qui au passage ne sont pas scientifiques et de l'approche socio anthropologique dans ce climat de revendications et d'équilibre national fragilisés par des mouvements sociaux.

Il revient alors en dernier ressort de souligner néanmoins la moyenne d'âge et l'ancrage socio-politico-géographique qui fait récurrence du phénomène dans certaines régions par rapport à d'autres. La récurrence de la justice populaire s'explique dans la région du Littoral du fait de la dénomination symbolique lourde de sens et caractéristique de cette région. La ville de Douala au Cameroun est la capitale économique. Le sens des affaires et la volonté inébranlable de faire du profit par tous les moyens sont alors dans une certaine mesure à l'origine de l'anéantissement de toute tentative qui tirerait les affairistes par le bas. Cette mode tendancielle explique alors à suffire la récurrence de la justice populaire à Douala où, peu importe la zone de résidence, la pratique reste constante dans la région.

Paradoxalement, le phénomène de justice populaire, bien que présent aussi à Yaoundé, est moins perceptible du fait de la facilité de mobilité des forces de défense et de sécurité employées par le politique dans la perspective de la sécurisation du pouvoir. Concrètement, quels sont les causes et les déterminants de la justice populaire au niveau institutionnel au Cameroun ?

CHAPITRE I

L'ÉTAT - ENTITÉ POLITIQUE EN CRISE

L'histoire politique des pays du continent africain passe par les pages tristes de la colonisation dont le vent des indépendances dans les années 1960 a sonné le glas pour la majorité des ex-colonies d'Afrique subsaharienne. Le fonctionnement institutionnel postindépendance quant à lui a fait l'objet de nombreuses recherches avec des conclusions variées quant au niveau d'appropriation par les peuples nouvellement indépendants du système institutionnel hérité de la colonisation. Il faut relever une greffe partielle du système qui ne tient pas toujours compte des réalités endogènes propres à chaque zone géographique. De là, il faut une harmonisation entre la forme politique du modèle occidental et les cultures séculaires au bénéfice des citoyens. Ce qui est intéressant à ce niveau de la réflexion, c'est de constater par les faits le statut ontologique de la notion d'État-nation dans le contexte africain. L'État ! Notion développée depuis des Siècles, elle connaît aujourd'hui un regain d'intérêt qui permet de la considérer comme la forme politique la plus aboutie. Dans la conception hobbesienne de l'entité étatique, cette forme politique a des pouvoirs conférés par la multitude dont le but est d'assurer et de garantir la sécurité. La philosophie de Thomas HOBBES, fondement de la relation État-Sécurité est à la base des orientations protectionnistes et de l'obligation de sécurité que l'État doit assurer à ses citoyens. Pour J.P. Genet, l'État serait né entre 1250 et 1350 lorsque les rois et princes d'Occident ont sollicité ceux qui résidaient sur leurs terres pour qu'ils contribuent à la défense et la protection de la communauté. Ce système se constitue à partir d'éléments existant depuis l'Antiquité[6].

En effet, l'origine étant le contexte d'insécurité qui traversait l'Europe, l'implication des différents acteurs des théories contractualistes est née du traumatisme issu des guerres sanglantes dont le choc en termes de victimes était considérable voire impressionnant.

Norbert ELIAS montre la sociogenèse de l'État. La mise en exergue de la féodalité, la décomposition de celle-ci amène dans un jeu de conflits, une hégémonie politique par les vainqueurs. Les « Loi du monopole » et de « la concurrence » qui président à la formation de l'État supposent la centralisation, la monopolisation du pouvoir et de la fiscalité. Les luttes éliminatoires entre petites entités de domination appelées « seigneuries territoriales », nées elles-mêmes des luttes éliminatoires entre plus petites unités encore aboutissent à une lente victoire de quelques concurrents et enfin à une seule entité. Le vainqueur constitue donc la centrale monopolistique d'une organisation étatique[7]. Ce qui se crée dans la lutte d'intérêts est cette forme d'organisation de la société à laquelle on a donné le nom d'État. Ce monopole conjointement à la contrainte physique constitue, l'épine dorsale de cette forme d'organisation sociale[8].

---

[6] Jean-Philippe GENET, *l'État moderne : Genèse, bilan et perspectives*, Actes du Colloque du CNRS, Paris, 1990, « La genèse de l'État moderne », acte de la recherche en sciences sociales, n° 118, juin 1997 pp. 3-18, p. 6.

[7] Norbert ELIAS, *La dynamique de l'Occident*, Paris, Calmann Levy, 1975.

[8] Pélagie Chantal BELOMO ESSONO, « l'ordre et la sécurité publics dans la construction de l'État au Cameroun », thèse de Doctorat en science politique, Institut d'études politiques de Bordeaux, Université Montesquieu-Bordeaux IV, 2007, p.35.

Le contexte présente clairement une atmosphère dont la violence est à l'origine de la construction étatique, une entité consacrée par le traité de Westphalie.

La sécurité des citoyens dont la responsabilité principale incombe à l'État implique divers secteurs de la vie intégrant désormais la protection contre les risques majeurs, la sécurité environnementale, la sécurité sanitaire, la protection sociale, la protection économique, la culture, la politique, etc. De par l'implication de ces différents secteurs, le rôle de l'État tend à être perçu (au-delà des prérogatives classiques de « puissance publique » ou de « service public »), comme une mission « sécurité humaniste » au service des citoyens dans une logique de modernisation et de revalorisation de la conception traditionnelle de la notion d'État. [9] Dès lors, la recrudescence de la justice populaire laisse un constat frappant : l'incapacité d'assumer les missions régaliennes (I) traduit la non-appropriation suffisante du concept d'État-nation (II).

I. DE L'INCAPACITÉ ÉTATIQUE D'ASSUMER SES MISSIONS RÉGALIENNES

Les théories du contrat social ayant abouti à la création de l'État mettent en avant, l'idée selon laquelle tout individu serait dépositaire d'une fraction de souveraineté qu'il cède dans le cadre du contrat afin que lui soit garantie la sécurité par l'entité plus puissante qu'est l'État dans une jungle où, « l'homme est un loup pour l'homme »[10]. Dans

---

[9] Lloyd AXWORTY : « La sécurité humaine : la sécurité des individus dans un monde en mutation », *Politique étrangère* 1999/64-2/ pp. 333-342.

[10] *Homo homini lupus* est une locution latine qui signifie littéralement l'homme est un loup pour l'homme. Cette formule rendue populaire est parfois modifiée par des auteurs comme MONTAIGNE, Francis

ses missions régaliennes, l'État se doit de protéger les biens, les personnes, d'assurer l'ordre public (A) et de garantir l'État de droit (B).

A. La protection des biens des personnes et la garantie de l'ordre public

Les constitutionnalistes appellent forces régaliennes de l'État, les grandes fonctions souveraines qui fondent l'existence même de l'État et qui ne font en principe l'objet d'aucune délégation. Ces fonctions sont liées à la notion de souveraineté.

1. La protection des biens et des personnes

La marche de la mondialisation a poussé certains analystes et praticiens des relations internationales à envisager dans la phase de la décrépitude de l'entité étatique sa disparition. Pour eux en effet, l'Etat est appelé à disparaître du fait du laisser-faire, laisser-aller et de toutes les valeurs libérales issues de la mondialisation. Paradoxalement, ce mouvement a revalorisé l'importance de l'État à travers des missions que celui-ci ne saurait en aucune façon déléguer comme la sécurité. La mondialisation renforce ainsi le sentiment de sûreté et de tranquillité sur l'absence de la menace. Pourtant, dans le contexte camerounais, la justice populaire est la traduction essentielle de l'animalité qui sommeille chez tout individu et qui n'attend qu'une infime occasion pour se libérer et se manifester. La garantie de la sécurité est l'essence même de l'existence de l'Etat dans le pacte social où, règnent peur et violence.

L'État de par ses missions régaliennes se doit d'assurer la sécurité des biens et des personnes à travers ses moyens

---

BACON et surtout par Thomas HOBBES dans le De cive (épître dédicatoire).

de contrainte physique légitime et tous les autres moyens dont il dispose. Dès lors, la recrudescence du phénomène de justice populaire au Cameroun traduit le processus incomplet de greffe et d'appropriation d'État.

2. L'ordre public

S'il est vrai que, l'État dans sa conception occidentale est né des guerres et dans le but d'assurer la paix, la réalité est différente en Afrique et au Cameroun en particulier où le principe réside dans la prévalence de l'État face aux menaces sécuritaires, car, il est né des violences à travers les processus de colonisation et d'indépendance.

L'État se doit d'assurer l'ordre public pour que les individus ressortissants du territoire concerné se sentent en sécurité, et vivent dans la quiétude afin d'envisager avec sérénité les objectifs de développement. Assurer la sécurité intérieure et le maintien de l'ordre public constitue une manifestation de la souveraineté. En effet, la justice populaire qui généralement crée des attroupements est de nature à troubler l'ordre public et doit ainsi être éradiquée à travers la toute-puissance de l'État. Cet État dont le processus de bonification encore inachevé au Cameroun continue malheureusement à faire des victimes d'une société en crise où règnent tension, peur et violence.

L'État doit agir pour l'intérêt général et déployer sa puissance publique dans le souci de garantir la sécurité des citoyens, une mission qui lui est essentielle surtout pour s'affirmer comme un État de droit.

B. L'état de droit

Les trois principes sur lesquels reposait la représentation classique de l'ordre international : territorialité, souveraineté et sécurité collective chancellent du fait de la crise de l'État, de l'émergence des peuples, de la montée des échanges transnationaux et de la fin de la polarité stratégique Est-Ouest. L'effondrement de l'Union soviétique et la fin de ladite polarité ont conduit à l'observation d'une époque singulière où un monde s'en va et un autre se dessine ne donnant aucune possibilité aux chercheurs et analystes de prédire avec acuité quelle sorte de papillon sortira de sa chrysalide [11] . Le conflit principal étant terminé, les situations qui autrefois se laissaient accorder peu d'attention vont apparaître au premier rang. En effet, que l'on soit en Asie, en Amérique, en Europe ou en Afrique, les États se réclament de plus en plus de droits, peu importe le système politique rencontré et indépendamment des conditions à fort symbole religieux. Cependant, de ces discours naissent de gros écarts entre le dit, le non-dit et la réalité concrète. Au-delà de la diatribe que certains pays qui réclament le statut de pays avancés peuvent formuler et des sanctions qui s'en suivent, le discours reste le même pour tous les États tendant à se complaire dans un confort purement juridique. Qui déclare qu'un État est plus avancé que l'autre en termes de protection des droits de l'Homme ? La reconnaissance due à un État en tant qu'État de droit n'est-elle pas une manifestation hégémonique due aux intérêts politico-stratégiques ? Les interrogations qui nourrissent l'État de droit sont aussi plurielles que la kyrielle de réponses rapportables et rapportées.

Les évolutions sont notoires et parfois fonction de déterminants endogènes. L'État de droit dans la philosophie politique de certains pays arabo-musulmans n'est pas le même dans la considération occidentale. Concrètement, un État de droit est celui dans lequel les droits fondamentaux et les libertés individuelles inhérentes à la nature humaine sont respectés. Dans cet ordre d'idées, comment

---

[11] Bertrand ATEBA : « Théories post-guerre froide des relations internationales : l'intelligence en désarroi », *Recherches internationales*, N° 102, janvier-mars, 2015, p.3.

comprendre les rapports incestueux entre la France et l'Arabie Saoudite, l'un défenseur des droits de l'Homme et l'autre qualifié de principal violateur desdits droits ? Une relation incestueuse entre des pays que l'idéologie et le système politique opposent diamétralement. Là est un tout autre débat dont le soin est laissé aux économistes altermondialistes, théoriciens, acteurs et autres spécialistes des relations internationales d'apporter véritablement des réponses.

Un regard circonvoisin montre la ratification de plusieurs traités internationaux qui nécessairement mettent en avant les droits de l'Homme au niveau mondial et régional. Des organismes tels que Transparency international et Amnesty International produisent des rapports sur l'évolution et la garantie des droits de l'Homme dans différents pays. Ceux-ci en effet font remarquer que le Cameroun constitue un pays qui menace au plus haut point les libertés. Le travail à ce niveau ne consiste pas à regarder sous la posture pyrrhonienne, mais de tenir compte d'un certain nombre de réalités. Les fondements constitutionnels courants permettent d'observer la consécration des libertés et de droits reconnus à l'individu. Montesquieu affirme : *Il est de nature humaine que toute personne qui détient le pouvoir est tenue à en abuser. Il faut que par les dispositions des choses, le pouvoir arrête le pouvoir*[12]. La séparation des pouvoirs et des institutions chargées d'en assurer l'effectivité est une condition non négligeable dans tout État de droit. Le Cameroun peut mieux faire dans le souci de garantir la sécurité, assurer la protection des droits de l'homme et promouvoir le vivre ensemble pour résolument se tourner vers l'émergence dont le cap est fixé à l'horizon 2035 avec le souhait d'une société plus juste, plus équitable, moins violente sur le plan économique et l'appropriation du

---

[12] Montesquieu, *De l'esprit des lois*, Paris, Éditions Gallimard, 1995.

concept de Nation afin de garantir les mêmes chances à tous. Cela limiterait l'épineux phénomène de justice populaire et ferait symboliquement rayonner l'image de cette Afrique en miniature.

L'État de droit est un système institutionnel dans lequel, la puissance publique est soumise au droit qui guide tout, codifie tout ce qui concerne les rapports humains dans la société. Dans un tel contexte où les droits de l'homme sont scrupuleusement reconnus, la justice populaire est limitée, car, tout individu considéré comme délinquant ou « hors-la-loi » suit les canaux du système judiciaire établi qui partent da la présomption d'innocence à une décision de justice en passant par un procès équitable.

II. JUSTICE POPULAIRE COMME NON-APPROPRIATION DU CONCEPT D'ÉTAT

La non-appropriation du concept d'État se traduit par le divorce de la justice dans le fonctionnement institutionnel (A) et la manifestation d'une société primitive (B).

A. De la rupture avec la justice institutionnelle

1. Structuro-fonctionnalisme institutionnel

De multiples conventions ratifiées par le Cameroun visent à défendre et à protéger les droits des citoyens. Au niveau mondial, la Déclaration universelle des droits de l'homme de décembre 1948, en son article 5 dispose : *Nul ne sera soumis à la torture, ni à des peines ou des traitements cruels inhumains et dégradants.* L'article 9 poursuit : *Nul ne peut être arbitrairement arrêté, détenu ou exilé.*

Une observation de la société camerounaise montre comme un divorce entre les citoyens et la justice institutionnelle. En effet, malgré les efforts entrepris par le haut commandement de la police notamment la Délégation à la Sûreté Nationale sous la tutelle de la Présidence de la République pour sa modernisation à travers le renforcement du dispositif logistique, le constat demeure que ces efforts ne sont pas suffisants pour juguler significativement la tendance favorable à la popularisation de la justice pour soi chez les citoyens. En réalité, la police camerounaise est confrontée au manque d'effectifs et à l'insuffisance des moyens d'action, ce qui limite son opérationnalité en situation réelle et urgente d'intervention. Ce manque d'équipements précipite très souvent la mort de celui qui par un concours de circonstances se retrouve dans les tenailles d'une foule en meute et acharnée. Parfois faute de moyens logistiques suffisants (carburant, effectifs réduits), les interventions pour sauver les vies, maintenir l'ordre public, protéger les citoyens en temps opportun (missions fondamentales) existent, mais ne sont pas à la mesure des urgences qui s'imposent quotidiennement. Aussi, qu'il s'agisse d'auteurs de la justice populaire, de simples partisans, ou des personnes réticentes à cette pratique, le citoyen camerounais en dernier ressort se trouve consterné quand un criminel présumé est arrêté et libéré quelques jours voire quelques heures plus tard du fait des cautions qui se paient, de l'influence d'un des membres de la famille ou des mécanismes de *monnayage*[13] qui se font au sein même de la police. Malheureusement, cette institution connaît encore une corruption nourrie par les intérêts égoïstes de certains.

Une telle situation de fait crée des crispations et un sentiment d'abandon. Dès lors, les auteurs de la justice populaire ne voient plus l'intérêt de laisser les délinquants potentiels ou avérés à la charge des organes compétents de la justice institutionnelle. Cela a pour conséquence de

[13] Monnayage : pratique qui consiste à donner de l'argent pour un service rendu, mais dont la légalité peut être querellée.

produire des scènes désastreuses, déplorables et malheureusement dramatiques qui s'observent dans les villes camerounaises.

2. Du divorce d'avec la justice institutionnelle

L'existence d'autres pouvoirs permet de contrebalancer l'exécutif pour la stabilité, la cohésion nationale dans la République. En réalité, il ne s'agit pas ici de plonger dans une sorte de récit historique de l'évolution des régimes politiques dans le monde encore moins de la présentation du processus décisionnel. Mais plutôt de s'attarder sur la justice en tant qu'institution dans une République qui se veut État de droit. La justice institutionnelle a donc pour mission de sanctionner ceux des citoyens qui agissent à l'encontre des règles de la société. De par les indicateurs de perméabilité illustrés plus haut, les auteurs de cette pratique ne se sentant pas aidés ou mieux ne voyant pas l'intérêt de laisser les autorités judiciaires jugées laxistes régler certains cas qui les concernent directement, décident de se rendre justice par les moyens dont ils disposent au grand regret de ceux qui s'y frottent.

La politique carcérale au Cameroun présente des désagréments communs généralement aux pays en voie de développement. Pour les détenus, les conditions de vie dans une prison sont rudes. Manque d'eau, surpopulation carcérale, conditions d'hygiène primaires entre autres au nombre des aspects à regretter. Aborder la question du système carcéral mal pensé nous aide à ce niveau à comprendre les logiques des acteurs et auteurs de la justice populaire. Les personnes en charge du système carcéral prennent parfois des décisions dont la rationalité peut sembler limitée par exemple, ne pas garder un prévenu en détention par absence de places dans les prisons. Cette simple décision dont les causes dépendent du système carcéral mal pensé entraîne pour conséquence que les auteurs de la vindicte populaire au lieu de laisser le bandit présumé à la justice et le revoir en liberté sans jugement quelque temps après, vont préférer se rendre justice eux-mêmes avec les conséquences que nous pouvons tous connaître. Une telle situation peut être évitée par exemple en désengorgeant les prisons à travers l'évacuation de nombreux procès pendants et le renforcement de l'efficience et de la diligence du système judiciaire. Sur de simples soupçons de culpabilité, des personnes sont souvent envoyées dans des zones de détention sur plusieurs années, en attendant de purger leurs peines en cas de condamnation. Cela crée du sureffectif dans les prisons et explique l'option pour les décideurs des services concernés de renvoyer dans la nature certaines personnes ayant commis des infractions dont le peuple réclame punition et châtiment. De ce point de vue, il se crée une rupture avec la justice institutionnelle, d'où l'option choisie de se faire justice, peu importe les moyens. L'action collective de répression populaire peut également être enclenchée par d'autres déterminants sociaux.

B. Justice populaire comme résultat de la manifestation d'une société primitive

1. Philosophie de l'égoïsme naturel

Cas d'école : Deux suspects sont arrêtés par la police, mais les agents n'ont pas assez de preuves pour les inculper. Ils les interrogent séparément en leur faisant la même offre : "si tu dénonces ton complice et qu'il ne te dénonce pas, tu seras remis en liberté et l'autre écopera de dix ans de prison. Si tu le dénonces et lui aussi, vous écoperez chacun de cinq ans de prison. Si personne ne dénonce l'autre, vous aurez six mois de prison". Les études sur le dilemme du prisonnier montrent que la probabilité pour que les deux se dénoncent est plus élevée.

En effet, l'homme, animal réfléchi, constitué de raison et de passion, est doté de l'instinct de survie qui l'oblige fondamentalement à l'égoïsme, un sentiment exacerbé dans un contexte de raréfaction de ressources. Cette prééminence de l'égoïsme naturellement imposé est un point essentiel pour la compréhension des schèmes explicatifs de la justice populaire.

Aborder cette étude par le haut nécessite d'évoquer des aspects dont la portée se rattache aux positions stratégiques des postes dans l'appareil gouvernemental républicain et préférentiel de l'action étatique. La philosophie de l'égoïsme naturel est une constante humaine accentuée en Afrique du fait des mécanismes souples de protection des biens publics. L'appétit pour la fortune publique dans les pays en développement par les centres décisionnels est un problème d'une résurgence incontestable qui plombe véritablement les objectifs de développement.

Au Cameroun, il est des citoyens portés à la dignité de ministres de la République, directeurs généraux d'entreprise publique et parapubliques, hauts responsables décisionnaires dans une sphère précise de compétence et bien d'autres. Ceux-ci, au lieu d'utiliser le budget destiné à certains projets, d'orienter les ressources aux secteurs prédestinés, d'utiliser des subventions pour œuvrer au développement et à l'amélioration des conditions de vie des citoyens, travaillent plutôt avec ingéniosité à détourner les deniers publics pour leur profit personnel. Ainsi, des détournements de fonds sont orchestrés avec à chaque fois des sommes encore plus importantes. La conséquence immédiate est l'accentuation de la pauvreté et le délabrement de la sécurité sociale des citoyens les moins nantis. Cela n'est que regrettable, parce que renforçant la pauvreté, les crispations sociales et la radicalisation source de justice populaire.

2. Le sacre de la république villageoise

Du décret de nomination du Premier ministre à celui d'un Directeur Général d'entreprise publique en passant éventuellement par la nomination d'un Général d'armée, la tendance est la même : motion de soutien et de remerciement au Prince, pourvoyeur de biens et de richesses. Des motions de soutien qui aujourd'hui constituent un rituel et par répétition se sont perpétrées en obligation symbolique et catégorique sans laquelle le pouvoir de celui qui reçoit serait fragilisé par délégitimation tentaculaire d'un pouvoir discrétionnaire.

De cette mode sont apparues dans l'espace médiatique camerounais des publications relatives aux cérémonies de remerciement du chef de l'État après un décret « gracieux ». Très vite après le décret, le concerné retourne aux sources, à ses origines comme par cycle gravitationnel à orientation rétroactif pour mobiliser les siens et se faire entendre par le Prince dans la logique du remerciement. Cela se termine par une désignation et une attribution des pouvoirs et titres traditionnels pour l'accomplissement efficient des hautes missions de la République. Pourquoi les hauts responsables de l'administration camerounaise sont-ils quasiment tous désignés chefs traditionnels dans leurs villages ? La question mérite d'être posée.

Dans la pratique gouvernementale actuelle, l'on serait tenté de se demander si l'attribution des pouvoirs traditionnels à un responsable porté à la dignité de ministre de la République n'est pas un moyen de consolidation des liens traditionnels dont le simple but est de défendre le village. La légitimité de cette interrogation révèle des tendances troublantes dans le fonctionnement de l'appareil d'État dans une société communautariste. Avoir la mauvaise expérience d'arriver dans un ministère où le haut responsable n'est pas de votre région c'est déjà souffrir du probable mauvais traitement qui peut en résulter, certes avec des exceptions que l'on peut relever.

Le bénéficiaire des grâces du Prince semble agir principalement dans l'intérêt des ressortissants de son village. Il en est de même dans le champ politique camerounais où, lors d'une élection, le parti recommande pour maximiser les chances des candidats de se présenter dans leurs espaces politico-géographiques d'origine. Fort de ce constat, on n'est plus en situation de politique globale, nationale et républicaine, mais au contraire, face à une "villagisation" de la République ou encore une tribalisation de l'État. Les cadres administratifs se comportent dans l'exercice de leur fonction comme des chefs traditionnels dont le but est de défendre les intérêts du village d'origine.

Sur le plan de l'analyse socio anthropologique, cela est le résultat d'une situation politique dont le microcosme est le reflet de l'existence des communautés dans une société violente.

Sur le plan politique, cette tendance présente un paradoxe. Il peut s'agir d'une part d'un avantage conséquent dans la mesure où la satisfaction principale des revendications systémiques originelles de son espace géographique est un atout pour les décideurs politiques. D'autre part en revanche, cette pratique pourrait conduire le parti politique global à la perte du pouvoir par une volonté radicale des communautés marginalisées à voter contre. Autant la villagisation de la République peut constituer un capital politique, autant sa surestimation peut être un moteur de sa perte surtout dans l'idéal national.

Sur le plan éthique et dans l'ordre moral républicain, épouser l'idée de Nation oblige à transcender des pratiques communautaristes pour atteindre une identité nationale afin d'envisager ensemble le développement durable sereinement.

Pourtant, la pratique de la République villageoise reste malheureusement une réalité tout comme la justice populaire qui en résulte. Quand le peuple se lasse, il l'exprime par des moyens les uns aussi symboliques que d'autres. La justice populaire est le résultat de la marginalisation de certaines classes de la société qui, n'ayant pas la possibilité d'accéder aux facilités de pouvoir s'expriment dans l'informel avec tension et pour lesquelles la plus simple erreur humaine serait créatrice d'embrasement social.

L'individu de par un téléphone perdu, se transforme en loup enragé du fait des crispations sociopolitiques ravivées par des tensions socio-économiques au grand détriment de l'être dans sa dignité humaine qui subit la justice populaire. Cela traduit le manque d'appropriation suffisante de la notion d'État, et des difficultés socio-économiques récurrentes.

CHAPITRE II

CAUSES SOCIO-ÉCONOMIQUES EXOGÈNES DE LA JUSTICE POPULAIRE AU CAMEROUN

La justice populaire est une réalité malheureuse dans le contexte africain globalement et précisément au Cameroun. À cet effet, de nombreux déterminants expliquent l'existence du phénomène de justice populaire. Ces déterminants sont relatifs à l'individu acteur principal de l'acte dont la conséquence ultime est le lynchage, aux acteurs et auteurs de ce phénomène et en troisième lieu, à la responsabilité de l'État. À ce niveau de la réflexion principalement, l'objectif est de s'appesantir sur les différents aspects exogènes au phénomène en lui-même. Concrètement, il s'agit des justificatifs socio-économiques qui influencent le quotidien des populations camerounaises et en dernier ressort vivifient ce malencontreux phénomène. Une telle démarche appelle à exposer les causes politiques et économiques de la justice populaire au Cameroun.

I. CAUSES POLITIQUES

A. La colonisation

Selon Michel COLLON, *si l'Espagne et l'Europe ont commencé à devenir riches au XVIIe siècle, c'est parce qu'elles ont volé l'or et l'argent de l'Amérique Latine. En massacrant les Indiens sans rien payer. Si la France, l'Angleterre et les États-Unis sont devenus riches, c'est grâce à l'esclavage, c'est en volant des êtres humains à l'Afrique. Sans rien payer.* L'auteur précise que si de même, la Belgique et la Hollande sont devenues si riches à partir du XIXe siècle, c'est en volant les matières à l'Afrique et à l'Asie sans rien payer[14]. Suivant la pensée de Michel COLLON,

Depuis cinq siècles, nos grandes puissances occidentales ont pillé les richesses du tiers monde, sans les payer. On pourrait faire un tableau de chaque pays riche et montrer l'origine honteuse de chacune de ses grandes fortunes. On pourrait faire l'histoire de chaque pays pauvre, montrer qui l'a pillé et comment. Il conclut ce propos sur l'origine honteuse, que l'Occident n'avouera jamais aux médias de l'origine de sa fortune face à la misère du monde.[15]

Le temps est le véritable juge de l'histoire. Celle de l'Afrique en général et du Cameroun en particulier plonge malheureusement ses racines dans la page triste de la colonisation. D'aucuns pensent que la colonisation n'a aucun rapport avec la justice populaire dont la recrudescence au Cameroun prend des proportions alarmantes. Cependant, l'une des causes principales de ce phénomène est la pauvreté. Or, le paupérisme ambiant qui plonge la population dans un état miteux ambiant ghettoïsant ainsi la sphère sociale est dû à la combinaison de divers facteurs. La colonisation est une cause lointaine de pauvreté dans les pays africains francophones. Elle a clairement contribué à l'enrichissement du centre, de la métropole, du Nord au détriment de la périphérie, des autochtones, du Sud. Ce mécanisme historique hautement condamnable mérite réparation, car, le préjudice est tant moral, humain, social qu'économique. Aussi bien en termes de massacre, extraction des richesses sous toutes ses formes, que par la dictature métropolitaine de politiques contraignantes et répressives. Tout cela dans une démarche

---

[14] Michel COLLON, *Bush le cyclone*, Les éditions Oser dire, Paris, janvier 2006, P 15-16.
[15] O.P, p16.

d'endoctrinement. Ces richesses volées ont permis de bâtir les grandes métropoles au prix du cauchemar de nombreux Africains. *« Paris c'est la vie ! »* Pouvons-nous entendre les jeunes dire. Cette vision démontre une grille de lecture importée de l'occident, du schéma social de la réussite idéale pour de nombreux africains.

Le lien à l'histoire que le Cameroun a entretenu avec la France est frappant. Le phénomène est le même dans la plupart des pays sous-développés d'Afrique francophone à cause des politiques de contrôle adoptées à l'époque coloniale à l'inverse de l'*indirect rule* observable dans les pays d'occupation anglaise à la même époque.

À ce sujet, les esprits curieux diront qu'il existe des pays qui ont été colonisés, mais qui aujourd'hui constituent des pôles de puissance. À cela, une réponse claire ! Le Cameroun est teinté d'une complexité existentielle dont les conséquences de la colonisation offrent une grille de lecture des justificatifs de l'état de pauvreté dans lequel le pays est plongé, notamment à travers la raréfaction et les difficultés d'accès aux ressources. Cette dilatation crée des crispations sociales et renforce l'intolérance à l'égard des actes qui participeraient davantage à nuire. Le vol en est un ! C'est pourquoi il s'observe une détermination et une condamnation énergique de la population face à ces exactions par des moyens peu orthodoxes. La colonisation qui favorise l'exploitation abusive des ressources a laissé des répercussions sur le développement, embrigadant le concept d'État au sens occidental. Ce manque de réappropriation vivifie la justice populaire.

La mondialisation quant à elle renforce le phénomène de pauvreté dans ses effets néfastes ce qui favorise également la justice populaire.

B. La mondialisation

Le phénomène de la mondialisation est vieux de plusieurs siècles. La difficulté à s'accorder unanimement sur le début traduit la complexité aussi bien pour sa définition que pour sa compréhension. Seulement, elle implique un certain nombre de réalités tant anthropologiques, sociopolitiques que socio-économiques. Au Cameroun, les premières années qui ont suivi l'indépendance se sont révélées fructueuses en termes de résultat et de croissance économique par des plans qui résidaient en des planifications de développement couvrant la période de cinq années. L'existence des deux blocs, les crises économiques des années 1973 et 1979, la chute du mur de Berlin et l'effondrement de l'Union soviétique ont laissé place à un capitalisme desséchant et envahissant ainsi qu'aux difficultés économico-monétaires qui s'en sont suivi.

Celles-ci ont conduit à la Défrontièrisation, à la défiscalisation, à la déterritorialisation avec un transfert de capitaux et de richesses de la périphérie pour le centre selon la célèbre conception marxiste. De là, une marginalisation, une surexploitation des populations, des minorités, l'inertie de celles-ci et le durcissement des conditions de vie. Cela entraîne une main tendue perpétuelle, des aides au développement entachées des contraintes aussi dangereuses qui renforcent la déstabilisation plus qu'elles n'aident plongeant les pays demandeurs dans des situations plus précaires que l'état initial. À ces éléments, il faut ajouter les accords de partenariats économiques en remplacement des accords commerciaux préférentiels. Dans ce climat de raréfaction de ressources, un « débrouillard » du secteur informel serait donc prêt à employer même les moyens les plus déshumanisants dans le but de protéger ses biens chèrement acquis à prix de sacrifices consentis.

Bertrand BADIE montre les différents aspects qui structurent sur les rapports internationaux :

- Rabaissement après la guerre ;
- Déni d'égalité (françafrique) ;
- Relégation (conséquence du déni d'égalité) ;
- Stigmatisation[16].

Cette situation internationale détermine le fait que tout acteur international se frotte au jeu hégémonique avec ses capacités de puissance ou seuls les plus forts s'affirment.

À côté de ces réalités, il est donné de constater l'émergence de formes nouvelles de polarisation et d'hégémonie dévoilées par la dilution de la frontale opposition Est-Ouest. La mondialisation et la relative unipolarisation ont laissé entrevoir et vivifier des conflits autrefois occultés. Le Cameroun, longtemps considéré comme une terre enviable et enviée pour sa stabilité stratégique et polémologique, se retrouve confronté depuis quelques années déjà aux réalités de la guerre, une guerre d'usure usant de moyens peu conventionnels. Cette difficulté supplémentaire impose des ajustements budgétaires afin d'assurer durablement l'intégrité du territoire pour une prospection de croissance. Face à des difficultés sécuritaires réelles, à des menaces terroristes évidentes et ambiantes en Afrique centrale, sans négliger les indicateurs de vulnérabilité qui caractérisent la plupart des pays de cet espace, et compte tenu du poids de l'histoire, il convient d'analyser le dilemme face auquel les décideurs concernés sont confrontés. Ainsi, doivent-ils agir seuls parce que jaloux de la souveraineté, ou se mettre ensemble dans une perspective de mutualisation pour répondre efficacement aux menaces sécuritaires de l'heure ? A priori,

---

[16] Bertrand BADIE, *Le temps des humiliés : pathologie des relations internationales*, Odile et Jacob, 2014.

la mutualisation est une atteinte à la souveraineté sous un angle géopolitique et essentiellement réaliste. Cependant, lorsqu'elle est réussie, elle constitue assurément une perspective géostratégique de puissance. Dès lors, il est important d'envisager un mécanisme permanent de défense et de sécurité orienté et adapté pour faire face aux menaces sécuritaires. [17] Cela n'atténue en rien la rudesse de la situation intérieure du Cameroun avec des contraintes économiques peu clémentes.

II. CAUSES ÉCONOMIQUES

A. Postulat des contraintes économiques et actions des multinationales

1. Des contraintes économiques internationales

L'économie politique internationale situe certaines réalités économiques à la conclusion des accords de Bretton Woods de juillet 1944. Dans le but de s'assurer une hégémonie sur la sphère internationale, des stratégies ont été développées. Lorsque les accords de Bretton Woods nés d'un compromis laborieux à la faveur des « puissants » ont été conclus, le Cameroun n'était pas encore constitué en acteur étatique au sens juridico-sociologique. Autrement dit, le Cameroun n'était pas encore une entité politique à caractère institutionnel dont la direction administrative se réclame avec succès, dans l'exercice de ses missions le monopole de la contrainte physique légitime pour parler comme WEBER. Ces accords économiques auront néanmoins un impact significatif sur l'État en devenir. L'économie politique internationale implique *l'interaction réciproque, dynamique dans les relations internationales*

---

[17] Pierre Borice MENOUNGA, « La défense et la sécurité dans la sous-région Afrique centrale : entre enjeu souverainiste et nécessité de mutualisation stratégique », mémoire présenté et soutenu en vue de l'obtention du Master 2 en Sciences Politiques, Université de Douala.

entre l'accumulation des richesses et la poursuite de la puissance au sens de PAQUIN. De ce système international sont nés le Fonds Monétaire International et la Banque Mondiale, des institutions qui impacteront significativement sur la vie du Camerounais. En effet, la décision d'augmenter le prix des pétroles prise par la majorité des pays membres de l'OPEP dans les années 1974 va accroître les contraintes conjoncturelles et plonger le monde dans une crise économique à laquelle les pays comme le Cameroun n'échapperont point. Cette crise sera à l'origine dans le golfe persique de l'invasion du Koweït créant une guerre mieux, une intervention de la coalition menée par les États-Unis sous l'égide de l'ONU. Dans les pays sous-développés, les institutions financières considérées comme « sapeurs-pompiers » financiers pour les États (banque mondiale, fonds monétaire international) ont imposé pour un redressement des économies, la mise en place des programmes d'ajustement structurels. Le constat est sans appel : ces programmes au lieu d'aider les pays à décoller au sens du développement, n'ont fait que renforcer la pauvreté au grand désarroi des populations.

Les contraintes économiques internationales ont conduit à un état de pauvreté chronique qui nourrit le sentiment d'animosité à l'endroit de celui qui est potentiellement perçu comme un voleur, un « hors-la-loi ». La justice populaire trouve terrain fertile également dans un contexte non pas de délabrement social, mais à cause des conditions de vie de plus en plus difficiles animant le sentiment vinifère de la population jamais satisfaite.

2. Des multinationales, une criminalisation à orientation capitaliste

Des contraintes économiques qui démontrent les velléités de puissance de certains pays dont la volonté est d'imposer se font ressentir dans les termes et valeurs de l'échange. De la prééminence de l'étalon or/dollar résulte d'autres axiomes pour justifier la justice populaire. Au-delà des faiblesses monétaires au sens économique du terme, il apparaît une réalité dont la véracité n'est plus à démontrer. Les chocs pétroliers et les difficultés économiques internationales ont été d'une ébullition fracassante dans le microcosme politique camerounais à travers des programmes d'ajustement structurel impliquant de consentir des efforts de réduction du train de vie de l'État. Cela ne pouvant être effectif que par des licenciements massifs et des réductions salariales importantes, les privatisations et le désengagement de l'État de certains secteurs d'activité, du secteur productif. L'État se transforme donc de pourvoyeur de biens et de richesses (État providence) en un État gendarme qui laisse faire en contrôlant simplement l'activité économique [18] . L'État providence qui autrefois était pourvoyeur de biens et de richesses à travers le prélèvement des taxes pour les réinjecter dans les secteurs de redistribution de ressources se transforme en simple régulateur. Cette situation a été à l'origine de la 3D (Déterritorialisation, Défrontièrisation, Défiscalisation). La délocalisation de certaines entreprises et la multi polarisation géographique de leurs activités sont à l'origine de certaines crispations sociales et marginalisations dans les sociétés en voie de développement.

En effet, il existe aujourd'hui des multinationales dont les bénéfices nets annuels sont plus élevés que le budget de certains pays en voie de développement. Malgré une présence dans divers espaces géographiques donnés, ces multinationales ont en réalité une nationalité. Il s'agit alors des entreprises de pays développés, les pays du Nord dont les rapports incestueux avec certains chefs d'État en

---

[18] NGUELIEUTOU (Auguste), « L'évolution de l'action publique au Cameroun : l'émergence de l'État régulateur », *Polis*/ R.C.S.P. /C.P.S.R. Vol.15, numéros 1 & 2, 2008, p.25.

Afrique permettent ou non leur maintien au pouvoir. Le constat au Cameroun est frappant. BOLLORÉ Africa logistics gère plusieurs pans de l'économie, allant des ports au transport ferroviaire. Des contrats de concession flous, des conditions de travail ahurissantes, des clauses contractuelles non respectées, exploitation abusive des ressources, la liste est non-exhaustive. Des manifestations précises de mauvaise foi caractérisées par la recherche effrénée du profit au détriment des droits fondamentaux des populations locales et autochtones. L'exploitation des multinationales renforce la pauvreté, ravive la flamme de la frustration et la crispation sociale, ce qui peut constituer catalyseur de radicalisme favorable à l'exercice de la justice populaire.

Cette action des multinationales participe à la pérennisation de la pauvreté dans les pays sous-développés considérés comme en voie de développement tout comme les aides au développement dont ils bénéficient.

B. Objectifs des aides au développement et accords de partenariat économique

1. Les aides au développement, face cachée de dons entachés de contre dons

Les aides au développement ont toujours été clamées par les pays qui les offrent et par les bénéficiaires comme le fruit de l'amitié et d'une coopération mutuellement bénéfique. Cependant, l'on peut quereller l'objectivité de ces différentes aides qui appuient certains projets moins porteurs que d'autres. Qu'il s'agisse de la santé, des échanges, des infrastructures, du transfert de technologies, les aides au développement de l'Afrique sont présentes dans divers domaines. Il existe pour la France par exemple toute une agence de coopération[19]. Mais que cachent-elles en réalité ? En effet, les aides publiques au développement en elles-mêmes sont une initiative louable avec un sens humain élevé qui permet le financement de projets dont le but affiché est l'amélioration des conditions de vie et la réduction de la pauvreté.

Cependant, il importe d'en interroger les conditions. En situation de dette, il existe des mécanismes contraignants de la part des institutions financières en matière de taux d'intérêt. Pour des pays développés, il s'observe des conditionnalités préalables pour des prêts et des facilités de la part du créancier dans le pays débiteur. Les contraintes qu'imposent très généralement les institutions financières internationales dans la perspective de remboursement mettent les pays pauvres dans des situations plus précaires que l'état d'avant la dette.

Éminemment, les aides dites de développement sont réellement des aides au développement, mais pour qui ? La question mérite d'être posée si tant il est vrai, dans une perspective ontologiquement réaliste des relations internationales, que les États n'observent pas de philanthropie dans leurs rapports, mais sont motivés uniquement par les intérêts nationaux. C'est dire que le développement dont il s'agit ici est celui de la pérennisation de la sécurité sociale des pays développés donateurs au détriment des pays pauvres, destinataires initiaux des dons prévus pour leur développement. À l'observation, les aides au développement comportent des contraintes qui souvent asphyxient plus qu'elles n'aident. D'où la célèbre formule de « don et contre-don ». C'est dire concrètement que les aides octroyées ont inlassablement des exigences et servent naturellement les pays donateurs. Ceux qui en reçoivent doivent se battre dans le but de respecter des clauses

[19] AFD : Agence française de Développement

contraignantes, difficilement réalisables. Cela accroît la misère et entretient le climat de pauvreté, vilipende les revenus et renforce les tensions sociales. Une telle situation est encline à la justice populaire. Il faut également observer que la formation de regroupements identitaires dans le but de faire face à la violence de la mondialisation renforce le sentiment de défense populaire dans la logique réorientée du « tous pour un, un pour tous ».

Il existe d'autres facteurs exogènes qui laissent transparaître des éléments de crise, source de crispation et par ricochet de récurrence de la justice populaire.

2. Les APE/Accords de partenariat économique

Historiquement, s'appuyant sur les dispositions du GATT, la communauté économique européenne offre des préférences commerciales aux pays d'Afrique, des Caraïbes et du Pacifique. L'Union Européenne dans le cadre des accords de Cotonou a proposé l'établissement d'une zone de libre-échange à travers des accords de partenariat économique qui visent :

- L'interdiction de l'augmentation ou de la création des droits de douane à l'importation ;
- L'interdiction de quota d'importation ou d'exportation ;
- La suppression progressive des subventions à l'exportation des produits agricoles issus de l'Union Européenne ;
- L'interdiction des pratiques commerciales déloyales ;
- La mise en place des mesures de sauvegarde multilatérale temporaire ;
- L'encadrement des taxes à l'exportation[20].

[20] Source : Journée internationale des douanes 2017, sous le patronage du ministre des Finances.

Les précepteurs du Pacte républicain ont conféré au souverain des pouvoirs dans le but de pérenniser la sécurité sociale, de maintenir la vie et la cohésion dans la société. Ce Pacte appelle également les pouvoirs publics à enliser des politiques dont la confluence est l'amélioration des conditions de vie des citoyens. La justice populaire, fait de société au Cameroun trouve des éléments de justification dans l'action du politique. En effet, il convient en réalité d'évoquer à ce niveau les Accords de Partenariat Économique en remplacement des accords commerciaux préférentiels. L'Union européenne dans sa volonté de se maintenir comme un pôle véritable de puissance capable de concurrencer et contrecarrer efficacement les États-Unis, la Russie et la Chine entre autres mobilise des techniques qui lui sont profitables. Ainsi, il s'est développé des Communautés Économiques Régionales et Sous Régionales dans le but de faire face à une mondialisation devenue aujourd'hui exploiteuse. Il est judicieux et prolifique dans ce contexte de négocier en bloc dans le but de faire basculer le rapport de force et défendre les intérêts des communautés. Les Accords de Partenariat Économique développés avec les pays d'Afrique Caraïbe et Pacifique en remplacement des accords commerciaux préférentiels suppriment toute forme de barrières douanières dans le cadre des échanges entre les zones géographiques impliquées dans lesdits accords. Pour l'Afrique centrale, le Cameroun unilatéralement a été le premier pays à ratifier les accords que de nombreux pays en développement ont qualifiés de « suicides économiques ».

Le réalisme politique dans les rapports internationaux présente l'hégémonie et les rapports de force entre les États. Laisser entrer sur le sol des produits étranger sans tarification douanière aucune et exporter sans contrainte précise ne peut avoir que des répercussions néfastes sur des pays dont le bateau du développement est loin d'atteindre sa vitesse de croisière.

Au-delà des discours ostentatoires sur la question, la réalité est évidente. Les théories de la croissance économique que le Cameroun veut à deux chiffres mettent en avant le rôle du commerce extérieur pour la réalisation des avantages comparatifs, l'accumulation des devises et la maximisation des capitaux. Pour KINDLEBERGER, les exportations entraînent la croissance de trois manières : en situation de plein-emploi, elles augmentent les revenus, dans le chômage elles induisent une variation positive de l'emploi et dans les deux cas, font bénéficier la production nationale de l'économie d'échelle. Le stock de devises est une donnée importante pour un pays qui plus est sous-développé. L'envahissement par des produits étrangers des surfaces commerciales nationales tue la consommation locale et les filières d'employabilité y afférentes. Les petits entrepreneurs nationaux vont se voir envahir et imposer une concurrence difficilement supportable. La production camerounaise vouée à l'exportation est faible, voire nulle, comparativement à ce qui entre dans le pays résultant des accords de partenariat économiques.

De ce point de vue, envisager librement de concurrencer un regroupement de pays économiquement beaucoup plus avancés est un leurre, une utopie. Quelques mois seulement après la ratification des accords, les pertes commencent à se ressentir en milliards de francs CFA. Cela renforce la pauvreté et partant la justice populaire comme résultat d'une crispation sociale.

La justice populaire au Cameroun comme dans la plupart des pays sous-développés dits en voie de développement d'Afrique Noire Francophone est une réalité d'une récurrence inquiétante. Cette réalité aux valeurs plurivalentes appelle aussi bien des aspects externes comme la colonisation qui aujourd'hui reste un passage triste, que des contraintes économiques internes. Ce dernier élément ambiant met à l'épreuve les décideurs politiques qui doivent faire preuve d'audace pour une résilience économique afin d'améliorer les conditions de vie des citoyens et réduire considérablement la pauvreté, et partant le phénomène de justice populaire dans un monde libéral et néolibéral. Ce triste passage semble prendre des contours de renouvellement par des techniques astucieuses d'aide au développement. Aussi, au-delà de l'externalité des déterminants de la justice populaire, l'on observe que les facteurs endogènes ne sont pas des moindres.

CHAPITRE III

CAUSES INTERNES DE LA JUSTICE POPULAIRE

Il est de notoriété courante qu'« On ne blâme pas un microbe qui rend le corps malade, on l'élimine ». Dans cette optique, les individus n'étant pas satisfaits de la justice institutionnelle décident de se rendre justice eux-mêmes. Ainsi,

En plein carrefour, sur la place du marché, une foule peut être rassemblée autour d'un individu accusé de vol, de pratique de sorcellerie ou de toute autre infraction. Des personnes surexcitées réclament justice en faveur ou contre l'accusé qui essaie de se justifier. Les débats sont présidés par un homme qui fait en même temps beaucoup d'efforts pour calmer tout le monde. Il s'agit là d'un procès populaire.[21]

Pourtant, il arrive que personne ne joue le rôle du juge et de modérateur tel qu'explique l'éminent professeur NKOU MVONDO à cause notamment de l'immédiateté et du caractère expéditif de la situation. Par ailleurs, « L'observateur attentif y découvrira une organisation avec des procédures bien établies. En prenant l'exemple d'un procès pour vol, on se rend bien compte que tout est parti d'une prétendue victime qui a crié au voleur ! Ses lamentations tiennent alors lieu de plainte adressée au public. Parfois, le suspect prend la fuite, ce qui montre qu'il

---

[21] NKOU MVONDO (Prosper), « La justice parallèle au Cameroun : la réponse des populations camerounaises à la crise de l'État », *Éditions juridiques associées*, 2002/2 n° 51-52/ Pages 369-381.

a quelque chose à se reprocher ».[22] Aussi, devrions-nous rappeler qu'il est des situations, des cas où l'individu sous l'effet de la masse et de la pression panique prenant alors la mauvaise décision, celle de fuir même si en réalité, il n'a rien commis comme forfait et donc rien à se reprocher.

Dès lors, quelles sont les causes internes de la justice populaire au Cameroun ?

I. LES CAUSES PAR LE BAS

Il s'agit ici de toute motivation individuelle qui puisse entraîner le présumé responsable d'une infraction à commettre l'acte. Il faut également voir au cœur de la manifestation même de cette forme de justice les déterminants d'une psychologie collective.

A. Causes liées à la victime

1. Refus de la scolarisation

Les enquêtes de terrain dont les résultats ont été portés plus haut montrent clairement que la tranche d'âge la plus frappée par le phénomène de justice populaire gravite autour de 15 à 35 ans. En effet, elle est d'ailleurs représentative de la population camerounaise essentiellement jeune. L'école est aujourd'hui non plus une condition principale de réussite sociale, mais un moyen d'élévation d'esprit, pour mieux s'affirmer. Dans le contexte moderniste et de liberté, certains s'attellent à d'autres activités, refusant catégoriquement toute sorte de socialisation. Ils se livrent ainsi à des activités reprochables et moralement condamnables comme le grand banditisme, l'abus d'alcool ou une vie de débauche précoce.

---

[22] NKOU MVONDO Prosper, « La justice parallèle au Cameroun : la réponse des populations camerounaises à la crise de l'État », *Éditions juridiques associées*, 2002/2 n° 51-52/ Pages 369-381.

Cela est plus observable dans les capitales où il existe une densité de population à forte implication économique. C'est la raison pour laquelle la ville de Douala connaît un taux élevé de justice populaire au Cameroun.

2. La camerounisation du mythe de la facilité

La vindicte populaire, mieux la justice populaire dont généralement les manifestations sont des moins humaines possible dans l'ordre de l'éthique, de la dignité et de l'intégrité de l'homme est une pratique regrettable en Afrique. Cette tendance aussi critiquable soit elle est le résultat de l'enlisement de certains modes opératoires et d'un système de valeurs. En effet, les découvertes du siècle des Lumières et les progrès qui s'en sont suivis ont marqué de manière irréversible un tournant dans le traitement de la vie et de la dignité humaine. Les nouvelles technologies ont clairement fait le bonheur de plus d'un sur le plan de l'information et de la communication, avec le système de libéralisation et l'accès aux informations de différentes couches de la société. De là, des mobilisations et des « flash mobs » peuvent être organisés avec efficacité. Certaines dérives gouvernementales sont sous-traitées en temps réel et traduites dans les réseaux sociaux, mettant à mal l'action gouvernementale dont le succès est fonction de la dextérité et de certaines qualités professionnelles, en l'occurrence la confidentialité. Or dans la pratique, il s'agit souvent pour ceux qui ont réussi dans leur vie d'exhiber leur fortune chèrement acquise, parfois au prix d'énormes sacrifices consentis. Au-delà des mérites qu'on peut vanter aux nouvelles technologies de l'information et de la communication, il demeure qu'elles ont plongé une partie de la jeunesse africaine dans le chaos en termes de paresse, de rêverie et de désarroi. Il s'observe comme un manque de repères de la part de ces jeunes face aux réseaux sociaux par exemple, à travers la désinformation au lieu de l'information. Cela constitue un réel problème pour les autorités politiques, car le contrôle de ce qui peut circuler dans lesdits réseaux n'est pas évident, sauf à condition de bloquer l'accès à internet et d'assumer les pressions internationales qui pourraient s'en suivre. L'effet des technologies de l'information et de la communication est parfois dévastateur, ravageur, artisan du déconstruit plus que de l'édification lorsque l'utilisation n'est pas rationnelle et objective.

Il arrive qu'un chef de famille rentre chez lui le soir après une dure journée de labeur et qu'il soit obligé de manger uniquement à la suite de la diffusion de certains programmes télévisés de NINA TV, NOVELAS[23], ou seulement après épuisement du forfait internet de son épouse. Cette situation apparemment anodine illustre la différence d'idéaux sociaux qu'on peut retrouver au sein d'un couple, d'une famille. Chacun cherche ses référents de réussite sociale, parfois dans les postures illusoires d'El Dorado véhiculés par les médias occidentaux. En quoi le cas de figure illustratif proposé constitue-t-il un facteur favorable à la justice populaire ? Au-delà de la problématique des systèmes transposés souvent soulevés dans les pays africains, il y a aujourd'hui des habitudes culturelles que l'on voudrait copier, ce qui ne ferait que renforcer une dépendance systémique. Façon de faire, de s'habiller, de manger, en un mot le citoyen est aveuglement dépendant de ces chaînes et inconsciemment souhaite avoir les mêmes comportements, coiffures similaires[24], maquillages identiques même si, en réalité la concernée ou son compagnon sont dans l'incapacité de s'offrir cette vie stéréotypée. Aussi, les séries latino-américaines sont

---

[23] Enews, NINA TV, Novelas sont des chaînes de télévision dont les lignes directrices sont respectivement la présentation des téléréalités des superstars américaines et séries latino-américaines.

[24] Extensions de mèches brésiliennes et indiennes très prisées par les jeunes femmes au passage.

sources et vectrices de l'économie des pays d'origine. Seulement, certains clichés peuvent être véhiculés et leur interprétation par nous Camerounais amène les individus à repousser leurs limites dans le sens de se satisfaire en utilisant parfois les moyens les moins moralement et juridiquement recommandés. Car, malheureusement, les conditions ne sont pas souvent réunies pour mener un certain niveau de vie. Par ailleurs, les clichés issus des séries où l'on peut voir la réussite facile d'un jeune couple (chose qui existe dans la vie courante) demeurent des cas dont l'imitation constitue un danger lorsque les préalables du succès (travail, volonté, persévérance, endurance) ne sont pas réunis. Ce négatif sentiment d'audace peut conduire à des actions reprochables avec pour conséquence en cas d'échec le lynchage, la bastonnade, au pire des cas la mort. Il existe des chaînes de télévision, montrant des téléréalités de certaines superstars américaines où seuls luxe, fortune et vie de rêve sont exposés à longueur de journée. Dans l'imaginaire collectif d'un groupe marginal de ressortissants de pays sous-développés, l'on s'imagine un monde où, tout est permis et les biens acquis sans effort. Partant de ce point de vue, l'on souhaite alors de vivre dans les mêmes conditions. Ce formatage de cerveau par illusionnisme d'un monde meilleur et accessible constitue assurément dans ce contexte une erreur qui aboutit à la consécration du mythe de la facilité. Il s'agit alors d'une situation qui oblige à penser que tout est possible ce qui est vrai. Mais aussi que cela arrivera comme par un coup de magie sans travailler. C'est là l'aspect fantasmagorique de la question. Car, le travail continu, l'endurance consolidée, la persévérance anoblie sont des valeurs consubstantielles au succès, à la gloire. À force de vivre dans de telles illusions, de bonheur et de chance inouïe, on passe à côté de la réalité. Conséquence, l'on est tenté d'avoir de l'argent par tout moyen qui ne nécessite aucun effort personnel dans un contexte social tendu. Les procédés sont alors connus. Il s'agit des modes opératoires utilisés par des truands, bandits et délinquants : arracher des sacs aux inconnus, soustraire frauduleusement des biens à autrui, en un mot voler pour se satisfaire. Une expression communément employée au Cameroun dit « 99 jours pour le voleur, un seul pour le patron ». Cette vision prosaïque pour élucider les faits témoigne de ce que tôt ou tard, l'on finit par payer ses actes répréhensibles. Ce prix peut être fort, jusqu'à la vie quand il s'agit d'une foule en soif de justice. La culture du mythe de la facilité au Cameroun dont il est question ici explique tout au moins les déterminants et les motivations du mis en cause. La justice populaire est le déferlement de la foule, d'une population acharnée sur un individu présumé coupable d'une infraction, d'une faute intolérable. L'inertie et le manque d'audace constituent des catalyseurs de cette pratique au combien regrettable pour les familles !

3. Justice populaire comme résultat d'inertie et manque d'audace

S'il est vrai que l'argent ne fait pas le bonheur, il n'est pas vil de faire remarquer son importance dans la société, encore plus dans les pays sous-développés. Cette sensation de bien-être que procure l'argent est accentuée dans les pays pauvres.

« Le travail éloigne de nous trois grands maux : l'ennui, le vice et le besoin » disait Voltaire. Cette affirmation porteuse de sens laisse indéniablement un message dont le lien à la sphère sociale est frappant. En effet, il est soulevé dans cette affirmation les vertus du travail. Il vise une stabilité socio-économique, gage de cohésion nationale et de développement. Un fort taux de chômage, une absence nette d'emploi constituent un problème pour la viabilité de tout régime politique. Depuis le XXe Siècle, le travail est une ressource et un capital politique capable de changer l'issue d'un scrutin en fonction des aspirations de l'électorat. Au Cameroun la règle est appliquée avec 25 000 emplois offerts aux jeunes dans la Fonction publique en 2011 comme promesse de campagne électorale présidentielle. La population majoritairement jeune fait face aux difficultés d'insertion professionnelle et quand Dieu merci on a un emploi, il faut encore interroger les conditions de travail, les revenus qu'il procure et surtout les contraintes conjoncturelles y afférentes. Dans ces conditions, l'ingéniosité, le courage et l'intelligence à eux seuls ne suffisent pas pour se trouver un emploi décent dans un environnement socio-économique libéral marqué par la puissance des réseaux. Il faut donc associer à ces valeurs l'audace pour se frayer un passage dans le secteur très compétitif de l'emploi. Envisager le self-employment pour y remédier est une possibilité que beaucoup explorent peu ou presque pas dans une sphère sociohistorique où le communautarisme est la clé. Cette tranche de la population sujette à l'inertie et au manque d'audace est remarquable pour avoir des propensions à la facilité et aux moyens des plus illégaux pour survivre. Parmi eux, le vol, le braquage, le grand banditisme, des options qui généralement se soldent par des conséquences irréversibles, des morts atroces, des brûlures, piment dans les parties intimes pour les femmes et autres techniques propres à la justice populaire.

B. Causes du phénomène du côté des acteurs

Il convient à ce niveau de la réflexion de s'appesantir sur les véritables motifs, les réelles perspectives capables de scientifiquement justifier la recrudescence de la justice populaire du côté des acteurs de cette pratique.

1. Justice populaire comme expression des crispations sociales

Il n'est point besoin ici de rappeler ce qui constitue la crise d'État. Il est intéressant de comprendre que les tensions sociales issues d'un climat socio-économique tendu entraînent des réactions pour toute tentative d'appauvrissement. Autrement dit, de par les difficultés rencontrées, un individu qui commet un forfait de vol par exemple est sévèrement puni pour servir d'exemple aux autres, intimidant indirectement les potentiels délinquants. Il s'agit d'un mode de dissuasion dans l'optique non de faire face aux dérives sociales, mais de sécuriser les biens dont la rareté se fait permanente. La pauvreté constitue alors une orientation visant à comprendre la logique des acteurs de la justice populaire dans un système violent.

Seulement, vu sous cet angle, l'on pourrait céder à l'idée de considérer la justice populaire sous l'unique prisme de l'économie à travers le sous-entendu du vol. Ce serait une erreur, car, elle se manifeste tout aussi sur des pratiques peu recommandées, envisagées par les victimes à l'exemple des tueries, de la sorcellerie, et de toute autre tendance de dérives. Dans ce sillage, il convient de souligner que les réponses apportées sont des alternatives à la crise de l'institution et à la crise de la justice.

2. L'impact de la religion et la culture dans le cycle de la violence

Cameroun, terres des grandes opportunités de par sa richesse qui en fait une Afrique en miniature sous divers aspects. Sur le plan culturel, le pays compte plus de deux cent cinquante (250) groupes ethniques. La richesse de l'ancrage culturel qui nous intéresse ici constitue une variable explicative à la justice populaire. La manifestation profonde de cette culture entraîne qu'une personne reconnue coupable subisse la mise en quarantaine, l'expulsion du village ou le lynchage bien que ces pratiques soient de plus en plus limitées aujourd'hui.

Par des procédés rituels, l'on peut rechercher la vérité et essayer de démasquer le coupable d'une infraction. Le « cadi »[25] par exemple, est l'expression de purification des villages où, par un chien, on avoue des réalités obscures qui permettent de limiter l'impact de la magie comme expliquait un notable de la région de l'Ouest précisément du département de la Menoua. Cette pratique de jugement mystique s'est répandue peu à peu avec des manifestations diverses. Dans certaines régions du pays, il peut s'agir du maïs que l'on met dans les yeux. Si la graine reste, "cale dans l'œil", le mis en cause est déclaré coupable avec les sanctions qui s'ensuivent tel que nous expliquait également un Mbombog[26].

Effectivement, l'ancrage culturel participe à justifier la recrudescence de la justice populaire au Cameroun à travers notamment des pratiques qui permettent de punir toute personne reconnue coupable d'un délit d'inceste par exemple, d'empoisonnement par des mécanismes dont seuls les sorciers du village ont le secret.

Par ailleurs, l'ouverture au monde permet d'entrevoir l'impact avec le taux élevé de cas de justice populaire. Le Honduras, petit État d'Amérique de huit millions d'habitants est réputé pour la terreur qui y règne avec un taux journalier d'homicides de quatorze. Des gangs comme M18, MS13, les MARA reconnues parmi les pires

---

[25] Cadi, pratique culturelle qui permet de purifier les villages principalement dans l'Ouest Cameroun. À travers un chien et devant les autorités, les « grands sorciers », les personnes possédant des objets qui servent aux pratiques de la magie avouent et remettent ceux-ci aux fins de limiter les effets néfastes des pratiques maléfiques au sein de la communauté.

[26] Chef et gardien de la tradition dans les forêts tropicales côtières avec comme exemple les Bassas.

organisations criminelles du monde se sont étendus dans toute l'Amérique Centrale et du Nord en trente ans. À Juárez, ville du Mexique à la frontière avec les États-Unis où la terreur règne pour le contrôle du marché, les narcotrafiquants font la loi au détriment de l'État. À New York, ville où le taux de consommation de cocaïne est le plus élevé au monde, le port d'arme étant autorisé, cette culture de la violence et de la justice populaire est transmise au fil des générations et quasi normalisée.

La réception de ces mœurs de violence populaires au gré de la mondialisation et la transposition bancale que nous, africains aimons généralement faire au contact de l'étranger est un motif de recrudescence de la justice populaire. L'on peut se targuer d'être un héros tout comme dans les films hollywoodiens en commettant des scènes déshumanisantes qui réduisent l'homme à ses plus profonds retranchements en termes de droits ou devoirs selon le cas.

Enfin, la religion est un déterminant important du taux de la justice populaire au Cameroun. Sans vouloir heurter les convictions religieuses de certains croyants, il a été relevé quelques observations dans les Saintes Écritures de certaines religions monothéistes qui approuvent légitimité de l'action en justice populaire.

À cet effet, l'interprétation de certains passages du Saint Coran laisse transparaître une incitation à la violence dans la conduite d'une guerre sainte. Pour preuve, le Chapitre 9 verset 5 indique : Et *quand les mois sacrés seront écoulés, tuez les idolâtres qui ont violé leur pacte où que vous les trouviez et capturez-les, assiégez-les et attendez-les au passage de tous les affûts*. Le chapitre 47, sourate Muhammad révélée après l'Hégire, verset 5 dit : *Et lorsque vous rencontrez les mécréants en bataille régulière, frappez-les au cou*. Ces brefs extraits parmi d'autres montrent à suffire qu'il y a une légitimation de la violence dans le Coran qui peut se traduire dans la société par une manifestation de la justice populaire, car le châtiment des mécréants c'est le feu. La punition du Haram étant les flammes de l'enfer, le feu, on peut mieux comprendre la tendance de justice populaire à la mode au Cameroun : brûler vif par les pneus et l'essence.

Il en va de même de l'analyse qui peut être faite des extraits de la Sainte Bible à travers notamment les passages comme : *Ils tomberont sous le tranchant de l'épée*... (LUC 21 verset 24). *Et il leur dit : maintenant, au contraire, que celui qui a une bourse la prenne et que celui qui a un sac le prenne également, que celui qui n'a point d'épée vende son vêtement et achète une épée.* (Luc 22 verset 36). Le verset 52 du même chapitre s'adresse aux principaux sacrificateurs qui étaient venus comme après un brigand, avec des épées et des bâtons. *Et ils crièrent : crucifie-le, crucifie-le* (Luc 23, V 21).

Le célèbre sociologue français Émile DURKHEIM considère la religion comme un système solidaire de croyances et de pratiques relatives à des choses sacrées, c'est-à-dire séparées, interdites, croyances et pratiques qui unissent en une même communauté morale appelée église tous ceux qui y adhèrent. La religion est importante sinon nécessaire et l'on peut s'accorder à la considérer avec Sophie Chautard comme *l'une des principales composantes de l'identité culturelle d'un peuple*[27]. Le phénomène des églises dites de réveil s'amplifie dans les sociétés africaines en général et au Cameroun en particulier s'érigeant ainsi en véritable secteur porteur pour les hommes au sens des affaires. Les églises « réveillées » se discutent dans les métropoles camerounaises les espaces avec les entrepôts de boisson et autres espaces commerciaux. Pas un pas sans

---

[27] Sophie CHAUTARD, *Géopolitique des religions, constats et enjeux*, 2008, Studyrama, Perspectives, p.11.

elles. Phénomène qui tire ses sources d'un mélange de conditions dont les pasteurs profitent pour bien tirer profit des citoyens.

Certains hommes de Dieu jouissant d'une très bonne notoriété se prévalent du titre d'entrepreneur et d'opérateur économique. L'église est un secteur économique où les affaires se portent merveilleusement bien. Sans qualification aucune, sans formation et sous le coup d'une prétendue révélation divine où l'homme est prédestiné à guider, à conduire ses frères vers le chemin du salut et de la vie éternelle, les pasteurs naissent à tous les petits coins des villes du Cameroun en tenant compte du développement de la zone géographique. Cette mode aujourd'hui répandue vide et surtout éloigne les Africains de leurs repères, de leurs bases culturelles, ontologiques et essentielles au développement. Il s'agit là d'une imposture, d'une déroute et même d'une banqueroute à laquelle il faut remédier pour envisager de réelles options de développement. À interroger les pratiques et les enseignements de certaines églises de réveil, le constat est patent : nombre d'entre elles existent pour les affaires, d'autres pour inciter à la violence et d'autres encore sont au service de l'instrumentalisation politique.

La présence dans les rues des villes principales du Cameroun à tous les 500 m environs d'églises est un problème qui urgemment, doit attirer l'attention des autorités gouvernementales compétentes. Il faudrait questionner la formation religieuse, l'orientation idéologique et philosophique et même tout simplement, la sincérité des intentions de ces bons bergers qui essaiment au fur et à mesure que la misère se propage. La scène sociale est remplie d'une multitude de pasteurs et faux prophètes qui comme par magie ont l'inspiration et la révélation divine de conduire les troupes et les brebis vers un potentiel royaume de Dieu où tout est acquis, sans efforts ni souffrances. L'objectif caché pour la majorité de ces pseudo pasteurs est de faire du profit comme tout homme d'affaires à travers une interprétation décalée et déplacée de la Bible. Dans l'ordre de la manipulation des masses perpétrée par ces gourous d'un autre genre, l'on peut voir des incitations à la justice populaire sur la base d'un supposé droit divin hérité. Cela pourrait être de nature à encourager le mal, la violence et les actes déraisonnés au nom d'une prétendue justice divine à rendre.

3. La théorie des moutons de Panurge ou suivisme systémique

Le constat est frappant : face à une situation comme la traversée d'un cours d'eau, le troupeau attend le coup d'envoi d'un membre qui se lance. Avant même d'avoir atteint l'autre rive, les autres membres du groupe le suivent sans jauger la profondeur de la rivière ou des risques potentiels liés à la présence d'alligators. Cette scène peinte est à l'image de l'incivisme humain qui gangrène la ville de Douala où très généralement la situation d'embouteillage est due à la mauvaise foi de certains usagers de la voie publique, observable à travers le refus de patienter et l'effectivité du phénomène « Bendskin ». Il suffit alors qu'un des éléments de la classe emprunte une direction pour voir les autres suivre sans jamais nécessairement se soucier qu'il s'agisse d'un sens interdit. Dans de telles situations, agir contrairement en suivant le sens de l'éthique serait s'écarter de la règle de comportement dans un espace où l'écart est devenu la norme. La théorie des moutons de Panurge est privilégiée à ce niveau pour analyser le comportement des acteurs et auteurs de la justice populaire.

La première des observations évidente est celle selon laquelle l'individu agit en adéquation avec son milieu dans l'optique d'imiter ses semblables.

Dans cette perspective, les instigateurs de cette forme de justice se trouvent même parfois dépassés dans l'exercice de la violence par d'autres individus complètement étrangers à l'affaire en cause. Ces jeunes rivalisent pour se faire remarquer par leurs déviances afin de s'assurer le prestige et le mérite de celui ayant agi le plus violemment. Cela est parfois orchestré sur des individus innocents qui par le coup du sort se retrouvent au mauvais endroit au mauvais moment. L'individu agit donc par imitation, car ayant vu un de ses proches porter un coup (ami, frère, camarade, collègue, conjoint, etc.) sur un mis en cause, il exécute le même mouvement. Cela perturbe amèrement l'équilibre de la société.

Il existe également dans le domaine de l'étude de l'économie de la sociologie électorale, le concept de déterminisme social exprimant l'action instinctive dans le souci de satisfaire son ego et son semblable dans une dynamique de foule.

La théorie des moutons de Panurge explique clairement l'action de certains individus qui sont poussés au suivisme aveugle, par déterminisme social. Cela justifie la justice populaire comme fléau dont les déterminants se situent aussi bien dans l'essence de l'homme que dans la société dans laquelle il vit.

II. LES DÉTERMINANTS DE LA JUSTICE POPULAIRE PAR LE HAUT

La justice populaire est une expression dont les conséquences se résument en un mot : drame. Pourtant, certains déterminants permettent d'appréhender ce fléau qui désole les fervents défenseurs des droits de l'homme tout comme les hommes en possession d'une éthique morale.

Il faut voir à ce niveau de la réflexion puisqu'il s'agit des déterminants de la justice populaire par le haut tout aspect relevant du processus décisionnel de l'État et logiquement compréhensible dans le but d'expliquer les causes de la justice populaire.

Il faudrait également aborder la grille de lecture des causes de la justice populaire à travers une analyse de la crise de l'État qui conduit à l'incapacité de ce dernier à assumer ses missions régaliennes.

A. Politiques contre-productives

La justice populaire est également une manifestation qui est la traduction de l'échec d'un système politique à mettre en œuvre des politiques publiques capables d'endiguer le paupérisme ambiant de plus en plus violent.

La justice populaire résulte en effet, dans une certaine mesure, des politiques sociales contre-productives. Au lendemain des indépendances, les pays africains sont lancés dans des projets infrastructurels tellement ambitieux que les budgets en ont été durablement affectés. Certains de ces programmes ont malheureusement eu très peu d'impact sur la courbe de développement, le gaspillage des ressources, se traduisant ensuite par l'impossibilité de rembourser les dettes suicidaires contractées.

Il a été montré et démontré que dans la poursuite fondamentale des objectifs de puissance et de défense des intérêts nationaux, les États du Nord développent des stratégies et des techniques suicidaires déguisées en subtils accords de coopération pour assujettir les pays pauvres. La coopération n'étant qu'un moyen doux de prendre à autrui un bien, à travers la ruse.

Il est opportun de souligner à grands traits que des subventions et des montants sont accordés à des projets, à des politiques vagues, vides de sens, et n'ayant subséquemment aucun impact sur la courbe de la croissance du développement et de ses corollaires à savoir la réduction de la pauvreté ou l'amélioration des conditions de vie des citoyens. Ces projets contre-productifs et budgétivores ravivent la pauvreté dans une situation sociale en délabrement. Dans ce contexte de décadence sociale, les conditions de vie des citoyens sont difficiles, voire déplorables.

De là, il apparaît que la mauvaise orientation des politiques publiques au niveau prévisionnel est une situation de nature à ne pas satisfaire et encore moins épouser le plein-emploi et le développement. La justice populaire elle, n'attend que des crispations sociales dues à la charge des difficultés économiques et des tensions politico-sociales pour s'enflammer et revenir à l'état de nature, à la barbarie primitive dans une situation juridiquement et institutionnellement molle.

B. La corruption : fléau historique, vecteur de la recrudescence de la justice populaire

Au-delà de la crise d'État qui se manifeste clairement comme indiqué plus haut par l'incapacité à assumer ses missions régaliennes en l'occurrence la protection des biens, des personnes, la garantie de l'ordre public et un État de droit, le structuro-fonctionnalisme institutionnel qui se rompt, dilue la confiance des citoyens vis-à-vis des institutions consacrées. Les détournements de fonds par les hauts responsables renforcent les écarts entre les classes et les crispations sociales. Le favoritisme et la consécration de la république villageoise sont des pratiques qui ne sont pas de nature à impulser un véritable développement.

Le phénomène de corruption dans la société humaine est très ancien et semble aujourd'hui se positionner en cycle régulier semblable à un atavisme renforcé. Les sociétés mêmes les plus avancées sur le plan socio-économique en termes d'édification de la notion fondamentale d'État connaissent malheureusement le retour à l'état de nature qui se caractérise par la prééminence de l'instinct d'égoïsme.

En effet de par le monde, la corruption a eu raison des hommes politiques dans de nombreux cas. Il revient encore fraîchement à l'esprit le scandale qui a frappé le Brésil avec l'ancien président LULA. Poursuivi et condamné à neuf ans et demi de prison pour corruption et blanchiment d'argent. À sa suite, l'emblématique Dilma ROUSSEFF a été obligée de quitter le pouvoir par une procédure de destitution pour des chefs d'incrimination similaires.

En Asie, le petit-fils du fondateur du groupe SAMSUNG a également été impliqué dans un vaste réseau de corruption. Plus important encore, PARK GEUN-HYE, ancienne Présidente de Corée du Sud dont les faits de corruption ont précipité la destitution. L'Afrique du Sud de Jacob ZUMA n'est pas en reste avec les divers rapports de corruption relayés par les médias.

La corruption dans les sociétés africaines en voie de développement principalement en Afrique subsaharienne est encore plus appuyée avec une accentuation au niveau gouvernemental. Le lien avec la recrudescence du phénomène de justice populaire est frappant. En effet, la gestion de la chose administrative nécessite une minutie double pour les pays en voie de développement et surtout à l'ère de la mondialisation. Pourtant, la corruption semble être de nos jours le fidèle compagnon d'un système bien organisé pour spolier les ressources de l'État au lieu d'une redistribution équitable.

Clairement, la corruption est un fléau qui freine le développement, vivifie les tensions sociales et renforce la justice populaire.

CONCLUSION PARTIE I

Au terme de cette partie qui était l'occasion d'analyser les causes et les déterminants de la justice populaire, il apparaît clairement qu'il y a des éléments exogènes et d'autres, propres au Cameroun, qui expliquent la recrudescence de la justice populaire parmi lesquels fondamentalement la crise de l'État. Les individus par cette pratique montrent qu'ils vivent dans une jungle, à une époque antérieure au pacte politique, au contrat social où chacun est tributaire d'une fraction de souveraineté. Pourtant, le Cameroun est un État de droit fruit de la cession des souverainetés respectives des citoyens à une entité plus puissante dans le but de lui donner les moyens de protéger l'ensemble. Ce qu'il importe de retenir en dernière analyse c'est que ces causes sont nombreuses et appellent à la prise en compte de plusieurs disciplines pour sa compréhension [28]. Cette multidisciplinarité dont l'interopérabilité est nécessaire amène à comprendre que, la société dans son mutisme est complice et approuve indirectement la justice populaire. Ne pas dénoncer les acteurs principaux fait de nous des acteurs passifs. Face à l'urgence, le gouvernement camerounais a pris une batterie de mesure pour y faire face et c'est tout l'objet de la deuxième partie.

---

[28] Sociologie, psychologie, histoire, religion, anthropologie, etc.

PARTIE II

EFFORTS GOUVERNEMENTAUX POUR LE CONTRÔLE DE LA JUSTICE POPULAIRE

Il n'est point besoin d'être porté au rang de ministre de la République pour observer les efforts consentis par les pouvoirs publics pour juguler la pauvreté, améliorer les conditions de vie des citoyens et par ricochet limiter véritablement le phénomène de justice populaire au Cameroun. En effet, sous l'impulsion du chef de l'État, son Excellence PAUL BIYA, le gouvernement camerounais est plongé dans un projet futuriste pour l'émergence dont le cap est fixé en 2035. Il est indéniable que le phénomène de justice populaire s'inscrit dans la conscience collective d'où la nécessité de commencer par le changement des mentalités. Certes, le niveau de développement socio-économique n'arrête pas la justice populaire, mais, il permet de le réduire ou de l'accentuer suivant que celui-ci est avancé ou non.

Convaincu de ce que le développement durable passe par l'assainissement, le gouvernement camerounais a mis sur pieds depuis quelques années des politiques publiques visant une meilleure gouvernance et de nouvelles institutions ayant pour but de réduire et réprimer les dérives de certains membres du gouvernement aux ambitions égoïstes.

CHAPITRE IV

RENFORCEMENT CAPACITAIRE DE L'ÉTAT PAR L'INSTITUTIONNALISATION

L'institutionnalisation ici se traduit tant par la législation que par les structures de mise en œuvre de programmes d'amélioration de la gouvernance administrative et économique au Cameroun.

I. UNE LÉGISLATION RIGOUREUSEMENT DISSUASIVE

Keba MBAYE affirmait :

Est protection des droits de l'homme, tout système comportant à l'association d'une allégation d'une ou plusieurs violations d'un principe ou d'une règle relative aux droits de l'homme et édictés en faveur d'une personne, ou d'un groupe de personnes la possibilité pour tout intéressé de soumettre une réclamation et éventuellement de provoquer une mesure tendant à faire cesser la ou les violations ou à assurer aux victimes une réparation souhaitée équitable[29].

Pour le Pr LECLERGQ,

Une liberté publique se présente comme un aspect circonscrit de la liberté, traduit en droit par les textes constitutionnels ou les conventions internationales et soumis à un régime de protection juridique précisé par ces textes et d'autres textes subséquents qui visent, par des

---

[29] KEBA MBAYE, *Les Droits de l'homme en Afrique*, Edition A. Pedone, 1992, p.70.

procédures appropriées, à faire valoir la liberté ainsi définie.

La législation est capitale pour tout État de droit, car, elle fixe les règles de vie commune dans la société indiquée.

A. La ratification des textes internationaux consacrant les libertés et les droits inhérents à la nature humaine

La protection des droits fondamentaux trouve reconnaissance au niveau mondial notamment à travers la Déclaration universelle des droits de l'Homme de décembre 1948. Dans son article 4, il est écrit : *Nul ne sera soumis à la torture ni à des peines ou traitements cruels, inhumains ou dégradants.* L'article 10 du même texte dispose quant à lui que *: Toute personne a droit en pleine égalité à ce que sa cause soit entendue équitablement et publiquement par un tribunal indépendant et impartial, qui décidera, soit des droits et obligations, soit du bien-fondé de toute accusation en matière pénale dirigée contre elle.*

Sur le plan régional, la Charte africaine des droits de l'Homme et des Peuples consacre également des droits inaliénables à l'individu de par sa nature humaine. Illustration : *La dignité humaine est inviolable. Tout être humain a droit au respect de sa vie et à l'intégrité physique et morale de sa personne : nul ne peut être privé arbitrairement de ce droit* (article 4). L'article 5 poursuit :

Tout individu a droit au respect de la dignité inhérente à la personne humaine et à la reconnaissance de sa personnalité juridique. Toutes formes d'exploitation et d'avilissement de l'homme notamment l'esclavage, la traite des personnes, la torture physique ou morale et les peines ou les traitements cruels inhumains ou dégradants sont interdites.

Tous ces textes respectifs sont reconnus dans le préambule de la Constitution du Cameroun du 18 janvier 1996 modifiée et complétée par la loi N° 2008/001 du 14 avril 2008.

B. La consécration des peines relatives aux atteintes à l'intégrité dans le Code pénal

La justice populaire condamnable de par ses conséquences sur la personne humaine est punissable par des textes tant internationaux que nationalement approuvés. Le Code pénal précise en son article 275 : *Est puni de l'emprisonnement à vie celui qui cause la mort d'autrui.* L'article 277 évoque les blessures graves, la privation permanente de l'usage d'un membre. Suivant les termes de l'article 278, *est puni d'un emprisonnement de six (6) à vingt (20) ans celui qui par des violences ou des voies de fait, cause involontairement la mort d'autrui.*

Concrètement, à l'endroit de ceux qui utilisent des voies de fait dans le but de se faire justice, les textes sont clairs. La justice de fait, la vindicte populaire et les exécutions populaires sont contraires à la loi et fermement condamnables par la législation camerounaise.

Plus important, en ce qui concerne l'omission de porter secours et assistance à une personne en danger, l'article 283 précise : *Est puni d'un emprisonnement d'un (1) à trois (3) ans et d'une amende de vingt mille (20 000) à un million (1.000.000) de francs ou de l'une de ces deux peines seulement, celui qui s'abstient de porter à une personne en péril de mort ou de blessures graves, l'assistance que sans risque pour lui ni pour les tiers, il pouvait lui prêter soit par son action personnelle, soit en provoquant un secours*. Pour les observateurs volontairement amorphes de la justice populaire, il s'agit clairement de dispositions pénales qui condamnent une neutralité trop souvent observée, qui constituent un facteur d'approbation tacite des actes inhumains des bourreaux de faits. Il faut savoir que cette neutralité qui cautionne la violence populaire est également punissable, car un bon citoyen doit porter secours à personne en danger, au moins en alertant les autorités compétentes.

II. L'INSTITUTIONNALISATION D'UNE GOUVERNANCE FAVORABLE À L'APAISEMENT DES TENSIONS SOCIALES

L'institutionnalisation de la bonne gouvernance ici consiste à évoquer les différents efforts gouvernementaux pour mettre sur pieds des structures ayant pour but de lutter contre les dérapages financiers des acteurs publics.

A. Institution de sécurisation et de contrôle de la fortune publique

Il s'agit essentiellement du ministère des Marchés publics et de l'Agence de Régulation des marches Publics.

1. Limitation des marchés fictifs par la création du ministère des Marchés publics

Le ministère des marchés publics est créé à la faveur d'un décret de 2011 puis réorganisé par décret N° 2012/075 du 8 mars 2012, portant organisation du ministère des Marchés publics. Le ministère a globalement la responsabilité de l'organisation et du bon fonctionnement des marchés publics. Ses missions sont spécifiquement :

- Lancement des appels d'offres des marchés publics en liaison avec les départements ministériels et les administrations concernés ;
- Passation des marchés et contrôle de leur exécution sur le terrain en liaison avec les départements ministériels et les départements concernés ;

- Montage financier des marchés publics en liaison avec les départements ministériels et les administrations concernées.

Cette réforme autorisant la création de ce nouveau département ministériel est clairement novatrice à travers le réaménagement de l'accès à la fortune publique pour les autorités contractantes des marchés publics, la reconfiguration des commissions de passation des marchés publics, la réduction des délais réglementaires, l'amélioration de la visibilité de la commande, etc.

La création de ce ministère a par ailleurs permis à travers une meilleure gouvernance :

- Plus de 500 milliards d'économies budgétaires en cinq ans ;
- La réduction drastique des marchés de gré à gré ;
- La réduction de la pratique des 10 % ;[30]
- La régression de la pratique des chantiers abandonnés ;
- La protection de la fortune publique en phase de passation ;
- La mise en place d'un comité d'examen des recours et des différends ;
- La diminution du nombre des documents contractuels non authentiques (caution polices d'assurance, rapports d'essais géotechniques, etc.).

2. Mise en place d'une Agence de régulation des marchés publics (ARMP)

L'agence de régulation des marchés publics est une institution au service du développement socio-économique

[30] Pratique de 10 % relative au bordereau, aux commissions perçues par celui par qui le marché est passé pour son attribution à l'adjudicataire.

du Cameroun, chargée d'assurer la régulation du système de passation des marchés publics et des conventions de délégation des services publics.

Elle est par conséquent chargée de procéder à la régulation des activités de marchés publics à travers soit des actes de sanction des procédures, soit des actes à caractère didactique ; d'émettre des avis techniques, en tant que de besoin, à la demande du ministère des Marchés publics ou des Administrations concernées ; de proposer des réformes dans le cadre des marchés publics et des délégations des services publics ; d'élaborer un référentiel d'assurance qualité pour les organes opérationnels des marchés publics ; d'assurer le suivi de l'application des décisions portant sur règlement des litiges relatifs aux marchés publics ; de contribuer à la formation des acteurs du système de passation des marchés publics à la demande des administrations concernées ; de vulgariser les règles de procédures relatives aux marchés publics à travers des guides et des manuels ; d'apporter en tant que de besoin, des appuis techniques aux acteurs du système de passation des marchés publics ; de réaliser ou faire conduire des audits spécifiques, des enquêtes, contrôles et autres investigations sur la passation, l'exécution et le contrôle des marchés publics et sur les délégations des services publics à la demande du ministre chargé des Marchés Publics ou des administrations concernées ; de nouer des relations de coopération avec les organismes nationaux et internationaux intervenant dans le domaine de la régulation des marchés publics ; de transmettre aux autorités compétentes les cas de violation constatés des dispositions réglementaires sur les marchés publics ; de décentraliser les actes de sanction et procéder à leur publication ; de tenir et mettre à jour le fichier des entreprises et autres acteurs sanctionnés.

L'agence transmet systématiquement au ministre en charge des Marchés Publics une copie de tous les actes et correspondances concernant les marchés publics ; elle dresse un rapport semestriel sur la situation générale des marchés publics. Elle adresse au Président de la République un rapport annuel sur l'efficience et la fiabilité du système de passation, d'exécution et de contrôle des marchés publics assorti de toute proposition susceptible de l'améliorer[31].

3. Mise en place d'une Agence nationale d'investigation financière (ANIF)

Dans les sociétés en voie de développement d'Afrique francophone en général et du Cameroun en particulier, la justice populaire est une réalité dont la pauvreté est le schème principal d'explication. En amont, un travail de fond est fait par les autorités gouvernementales afin d'y remédier. Des efforts sont entrepris dans le souci de lutter inlassablement contre la pauvreté tout en améliorant les conditions de vie des citoyens. Dans ce sens, l'ANIF a pour mission de recevoir, de traiter et, le cas échéant, de transmettre aux autorités judiciaires compétentes, tous renseignements propres à établir l'origine des sommes ou la nature des opérations faisant l'objet de la déclaration de soupçon au titre de la lutte contre le blanchiment des capitaux et le financement du terrorisme. L'ANIF œuvre également pour obtenir des informations utiles à la mission des autorités judiciaires et de contrôle des assujettis. Cette agence a pu constituer une banque de données contenant toutes informations utiles relatives aux déclarations de soupçon prévues par le Règlement, les opérations ainsi que les profils des personnes ayant effectué l'opération, directement ou par personne interposée.

---

[31] Cf. guide ARMP, salon de l'action gouvernementale, édition 2017.

De 2006 jusqu'en décembre 2016, l'institution a enregistré un total de 2660 déclarations de soupçon d'une valeur de 794,7 milliards de francs transmis à la justice avec notamment les infractions relatives aux détournements, trafics divers, financement du terrorisme, etc. Ces éléments évoqués par Otric NGON montrent que l'ANIF est une agence de renseignement créée dans le but de produire toutes les informations nécessaires à la prise de décision permettant le renforcement de la lutte contre la corruption et le détournement de deniers publics.

B. L'effectivité des organes de dénonciation et répression des dilapidateurs des finances publiques

1. Consécration d'un tribunal criminel spécial en charge des atteintes précises à la fortune publique

Né laborieusement dans le souci de sanctionner les abus de pouvoir, la cupidité et l'exacerbation de l'égoïsme au sein de l'administration, le TCS (tribunal criminel spécial) est une juridiction d'exception. Il a été créé par loi n° 2012/011 du 16 juillet 2012 modifiant et complétant certaines dispositions de la loi n° 2011/028 du 14 décembre 2011 portant création d'un tribunal criminel spécial. L'article 2 de cette loi précise :

Le tribunal est compétent pour connaître, lorsque le préjudice est d'un montant minimum de cinquante millions (50 000 000) de francs CFA, des infractions de détournement des biens publics et des infractions connexes prévues par le Code pénal et les conventions internationales ratifiées par le Cameroun.

Des efforts sont faits et des actions entreprises dans le but de lutter contre la pauvreté, améliorer les conditions de vie des citoyens, promouvoir la bonne gouvernance et ainsi consubstantiellement réduire le phénomène dramatique de justice populaire aussi bien par des institutions que des politiques et des projets.

2. Le rôle du CONSUPE (Contrôle supérieur de l'État)

Important dans la lutte et la limitation des dérives gouvernementales, le contrôle supérieur de l'État est un organe crée par Décret n° 2013/287 du 4 septembre 2013 ayant à sa tête un ministre délégué à la Présidence de la République. Il a pour rôle :

- La vérification, au niveau le plus élevé, des services publics, des établissements publics, des collectivités territoriales décentralisées et leurs établissements, des entreprises publiques et parapubliques, des liquidations administratives et judiciaires, ainsi que des organismes, établissements et associations confessionnels ou laïcs bénéficiant des concours financiers, avals ou garanties de l'État ou des autres personnes morales de droit public, sur les plans administratif, financier et stratégique ;
- Le contrôle de l'exécution du budget de l'État ;
- Le contrôle de l'exécution des projets à financements extérieurs ;
- Le contrôle, en cas de nécessité, de la qualité des rapports d'audits effectués pour le compte de l'État ou de ses démembrements par les cabinets privés ;
- L'évaluation des programmes et projets, l'appui au renforcement des capacités des ordonnateurs et des gestionnaires de crédits publics ;
- L'appui technique, méthodologique et pédagogique en matière de contrôle et de vérification de la gestion de la fortune publique ;
- L'appui aux structures de contrôle administratif et d'audit interne d'autres départements ministériels et

d’organismes publics et parapublics. La diffusion des normes de vérification et d’audit dans le secteur public et parapublic ;

- L’assistance du gouvernement dans la conception, la mise en œuvre et l’évaluation des programmes de modernisation de l’État.

3. Mise en place d’un organe consultatif pour la lutte contre la corruption

La Commission nationale Anticorruption (CONAC), créée par décret n° 2006/088 du 11 mars 2006 est une cellule née dans le but de répondre à une exigence et lutter contre un fléau : la corruption. Celle-ci constitue un frein réel et automatique au développement, créant ainsi des crispations sociales et des différences socio-économiques avec un impact sur la recrudescence du phénomène de justice populaire. La corruption a entraîné une rupture de la confiance entre les citoyens et la chose publique, elle renforce le climat de méfiance, consolide les écarts sociaux, entretient la fuite des capitaux (économique, social, humain…), etc. Il s’agit donc d’un problème auquel des réponses précises et efficaces pour la réalisation effective de la bonne gouvernance doivent être apportées.

La commission nationale anticorruption répond donc à une exigence précise. Elle procède par des sensibilisations et des moyens d’action qui permettent l’émission des avis consultatifs et des rapports annuels au chef de l’État dans le but de rendre compte de la situation en termes de corruption et des techniques subversives utilisées au sein de l’administration.

À ce titre, elle est chargée de :

- Recueillir, de centraliser et d’exploiter les dénonciations et informations dont elle est saisie pour des pratiques, faits ou actes de corruption et infractions assimilées ;

- Mener toutes études ou investigations et proposer toutes mesures de nature à prévenir ou à juguler la corruption ;
- Procéder, le cas échéant, au contrôle physique de l'exécution des projets, ainsi qu'à l'évaluation des conditions de passation des marchés publics ;
- Diffuser et vulgariser les textes sur la lutte contre la corruption ;
- D'identifier les causes de la corruption et de proposer aux autorités compétentes des mesures susceptibles de les éliminer dans tous les services publics ou parapublics ;
- D'accomplir toute autre mission à elle confiée par le Président de la République ;
- Se saisir éventuellement de pratiques, faits ou actes de corruption et infractions assimilées dont elle a connaissance.
- Être saisie éventuellement par toute personne physique ou morale de plainte ou de dénonciation pour faits ou actes de corruption.

La Commission est tenue de protéger ses sources d'information. Toutefois, si la volonté avérée de nuire du dénonciateur est établie, la Commission lève la protection de la source concernée à la demande du tribunal.

Du point de vue des textes, il s'observe naturellement dans l'opinion une évolution vers la volonté de lutter contre ce phénomène considéré comme véritable handicap pour le développement socio-économique d'un pays.

III. DE LA DÉCENTRALISATION COMME POLITIQUE DE DÉVELOPPEMENT

La direction des collectivités territoriales décentralisées, organe du ministère de l'Administration territoriale et de la décentralisation (MINATD) est chargée :

- Du suivi des interventions des collectivités territoriales décentralisées dans les différentes instances de décision au niveau central ;
- De l'élaboration de la politique du gouvernement en matière de décentralisation territoriale ;
- Du suivi de l'application de la législation et de la réglementation en matière de contrôle de la légalité des Collectivités territoriales décentralisées (CTD) ;
- De l'élaboration de la législation et de la réglementation relatives aux CTD et à leurs services.
- La décentralisation au Cameroun rendue possible depuis la loi n° 2004/017 du 22 juillet 2004 portant organisation de la décentralisation *consiste en un transfert par l'État aux collectivités territoriales décentralisées (...) de compétences particulières et des moyens appropriés.* [32] Au Cameroun, la loi reconnaît deux entités territoriales décentralisées que sont la Région et la Commune.

Avec 360 représentations dont 70 au centre, 47 à l'Extrême-Nord, 40 à l'Ouest, 34 au littoral, 34 au Nord-Ouest, 33 à l'Est, 31 au Sud-Ouest, 29 au Sud, 21 à l'Adamaoua et 21 au Nord, la commune s'érige au premier échelon de la machine de la décentralisation. Dotée d'une autonomie financière et administrative, elle permet d'impulser le développement. Il est important de rappeler que le MINATD en assure une tutelle dite technique. Il existe

[32] MINATD, « Décentralisation au service du développement local, une chance pour la localité et le citoyen, le fascicule du citoyen », p. 2.

une dotation générale annuelle de l'investissement aux communes n'ayant pas atteint 100 millions de budget d'investissement public.

La décentralisation existe avec des organes partenaires comme le FEICOM, crée par la loi de 1974 portant organisation communale au Cameroun et rendu opératoire par le décret n° 77/85 du 22 mars 1977. C'est un organe privilégié du développement local à travers le financement de certains projets.

CHAPITRE V

LE DOCUMENT DE STRATÉGIE POUR LA CROISSANCE ET L'EMPLOI, BOUSSOLE DE L'ÉMERGENCE

"Émergence à l'horizon 2035" au Cameroun, pour certains, il s'agit d'un slogan vide. Pour d'autres, il s'agit d'une orchestration démontrant la ruse politique du Président de la République. Pour un troisième groupe enfin, il s'agit d'une utopie, une chimère, un idéal de développement difficilement accessible.

Il faut pourtant croire que le Cameroun finira par être un pays émergent. Quand ? C'est là tout le sens de la question dont les réponses semblent unir ou non en fonction de l'interprétation de l'évolution socio-économique et des orientations politiques des différents protagonistes.

Au cœur des politiques publiques et de l'action gouvernementale, il y a une boussole, qui permet de visualiser et de trouver des repères en fonction des objectifs initialement fixés. Pour le Cameroun en effet, il a été conçu le document de stratégie pour la croissance et l'emploi dont les ajustements ont été observés par le plan d'urgence.

I. PLAN D'URGENCE POUR L'ACCÉLÉRATION DE LA CROISSANCE ÉCONOMIQUE

Dans le cadre de la lutte contre la pauvreté et l'amélioration des conditions de vie, le gouvernement camerounais a initié un plan d'urgence afin de s'imbriquer dans la perspective du document de stratégie pour la croissance et l'emploi. Il s'agit alors d'un plan triennal couvrant la période de 2015 à 2017. Un consortium bancaire[33] a été chargé d'assurer le financement du plan dont les estimations s'élèvent à une enveloppe de 925 Milliards de francs CFA[34].

Le plan d'urgence triennal pour l'accélération de la croissance économique vise notamment la modernisation des infrastructures à travers la construction de routes, d'hôpitaux de référence, la création de points d'adduction d'eau. Il s'agit également de l'amélioration des conditions de vie des citoyens à travers la construction de 10 00 logements et la distribution de semences aux investisseurs agricoles. Zacharie Perevet, ministre camerounais de l'emploi et de la formation professionnelle annonçait au cours d'une conférence le 3 février 2016 à Yaoundé que 35 000 emplois seraient créés grâce à ce plan d'urgence.

II. VISION GLOBALE DU DSCE

Le Document de Stratégie pour la Croissance et l'Emploi est un outil important dans la vision de l'émergence. Il vise notamment la modernisation des infrastructures, leur création en cas de nécessité et vise à et œuvrer pour l'épanouissement des populations. Il est évident que l'amélioration des conditions de vie des citoyens aiderait à n'en point douter à réduire le phénomène déplorable et déploré de la justice populaire.

Délestages réguliers et installations vieillissantes causant pannes et incendies aux usagers lors du retour du courant. Le problème de l'électricité est épineux et récurrent. Au Cameroun, seuls 20 % de la population aurait

---

[33] BGFI BANK CAMEROUN, BANQUE ATLANTIQUE DU CAMEROUN, STANDARD CHARTERED BANK CAMEROON, ECOBANK et une internationale à savoir la DEUTSCHE BANK MADRID constituent ce consortium, source média terre.

[34] Camerpost du 04/02/2016.

en réalité accès continu à l'électricité, moins de 14 % des ménages ruraux et 57 % en zone urbaine sont connectés à l'électricité selon la Banque Mondiale.

Ayant pris la mesure du problème, le gouvernement camerounais sous l'impulsion de son chef a lancé des chantiers énergétiques d'envergure dans le but de pallier le déficit énergétique, une énergie vitale et capitale pour les investisseurs et les opérateurs économiques. C'est pourquoi il a été construit le barrage hydro-électrique de Lom Pangar afin d'augmenter la capacité de production des barrages de Songloulou, d'Edéa et d'autres barrages.

Les travaux de construction du deuxième pont sur le Wouri, ouvrage de qualité pour fluidifier les déplacements dans la capitale économique, les chantiers de construction des autoroutes Yaoundé-Douala, Yaoundé-Nsimalen, des infrastructures sportives de qualité et bien d'autres.

Le port en eau profonde de Kribi sur lequel reposent de nombreux espoirs permettra assurément de relever le niveau de croissance économique du pays de par sa situation géographique et son importance économico-stratégique.

CONCLUSION PARTIE II

Le gouvernement camerounais a entrepris de remédier à ce qu'Alphonse Donatien BINAM appelle « Mal gouvernance des systèmes »[35] à travers une législation rigide consacrant la mise en place des institutions de contrôle de la fortune publique afin de limiter les détournements des fonds affectés aux objectifs de développement. Ainsi respectivement, il existe des organes comme le contrôle supérieur de l'État, la commission nationale anticorruption, le ministère des marchés public, l'agence de régulation desdits marchés, le tribunal criminel spécial, etc. Aussi convient-il de rappeler que des politiques visant le développement tendent à prendre corps à l'exemple de la décentralisation, tout ceci dans un projet de société, ayant pour but de construire une nation solidaire et émergente. Cet ambitieux projet de société est contenu dans un outil stratégique appelé document de stratégie pour la croissance et l'emploi. Pourtant, malgré cet arsenal juridique et ces mesures de développement, les populations continuent avec vigueur à se rendre justice elles-mêmes. La communication sur les efforts n'est pas appropriée ni proportionnelle à la mesure de l'urgence. En sus, la très grande effectivité des organes consultatifs dont les rapports entretiennent une dépendance et une centralisation pathologique directement avec la présidence de la République ne participe pas à la réactivité relativement aux actes. C'est dire logiquement qu'il convient de transcender le cadre actuel pour de propositions plus concrètes.

---

[35] Alphonse Donatien BINAM, *Paroxysme de la justice populaire dans un contexte de mal gouvernance des systèmes politiques africains : cas du Cameroun*, 2018, Edilivre, p. 32.

PARTIE III

DES PERSPECTIVES

Il est urgent dans le cadre de la justice populaire en Afrique en général et au Cameroun en particulier d'envisager concrètement des politiques dont l'intérêt est de s'approprier fondamentalement la notion d'État par les populations et les citoyens dans le souci de partir de l'État de nature qui est cette jungle où, le plus fort écrase le faible. Aussi, convient-il de le rappeler, l'État que l'autorité discursive légitime revendique de droit est cette société régie par des règles. Ainsi, la nécessité de cette approche réside en la capacité de l'entité étatique à intégrer le concept d'État au travers des moyens de vulgarisation et de sensibilisation. Des efforts doivent être entrepris dans le cadre socio-politico-administratif (Chapitre VI), socio-économico-juridique (Chapitre VII).

CHAPITRE VI

DE L'AMÉLIORATION DU FONCTIONNEMENT ADMINISTRATIF AUX EFFORTS SOCIOPOLITIQUES DE LUTTE CONTRE LA JUSTICE POPULAIRE

I. EFFORTS SOCIOPOLITIQUES

Par efforts politiques, il faut entrevoir les aspects sur lesquels les acteurs de la vie sociopolitique doivent œuvrer pour endiguer le phénomène de justice populaire au Cameroun. Dans cette perspective, il est nécessaire d'envisager de planifier et mener des campagnes de sensibilisation des populations.

A. La sensibilisation sur la nécessité de coopération des différents acteurs sociaux dans l'opérationnalisation de la justice

1. Mode alternatif de justice/justice transitionnelle

La justice populaire qui n'est rien d'autre qu'une pratique rébarbative est une forme de vengeance pour soi contraire aux idéaux de la République. Il est communément admis que *plus la douleur est grande et plus durable est la paix*. Dans le contexte camerounais actuel, la justice populaire a causé déjà vraiment du tort à de nombreuses familles. C'était encore le cas récemment avec un homme qui a introduit du piment dans les parties génitales d'une femme en répression du vol prétendu d'un téléphone portable. La vidéo que le bourreau de cette pauvre victime a pris plaisir à faire a ensuite été largement relayée sur les réseaux sociaux.

Cet exemple illustre bien un silence qui trahit effectivement la complicité tacite de l'environnement, de la société faisant des personnes qui ne coopèrent pas et ne dénoncent pas des complices passifs de la justice populaire.

À la suite du génocide rwandais, il a été mis sur pieds à cause de la saturation des instances juridictionnelles au regard de l'ampleur du contentieux lié aux violations des droits humains, des organes traditionnels de justice appelés juridictions *Gacaca*. Ainsi, pour limiter le caractère cyclique de la violence, ces juridictions d'exception avaient établi un cadre de dialogue entre victimes et bourreaux afin d'assurer le pardon, la médiation entre les communautés et si possible l'appui à la réparation du préjudice subi. Ces formes de réparation rentrent dans un processus appelé justice transitionnelle qui s'entend comme l'*ensemble de mesures judiciaires et non judiciaires qui ont été mises en œuvre par différents pays afin de remédier à l'histoire de violations massives des droits humains en temps de conflits et/ou de répression par l'État*[36]. Ce mode alternatif de règlement de conflits pourrait être repris dans la lutte contre la justice populaire au Cameroun. Il s'agirait ici d'impliquer les citoyens dans la justice à travers des procès ouverts à l'échelle communautaire du quartier ou du village. Le présumé coupable aurait l'occasion de s'exprimer, de faire amende honorable et d'entendre directement de la voix des victimes l'ampleur du préjudice causé. Les peines pourraient être prononcées par la communauté sous la vigilance de l'autorité institutionnelle, conformément aux lois en vigueur.

---

[36] Traduction libre de *International center for transitional justice*, « What is transitional justice ? », tiré de Réseau de recherche sur les opérations de paix, justice transitionnelle et maintien de la paix.

Éphrem DANNON[37] recommande la charité pour faire face à la justice populaire au Benin. La charité est une qualité indéniable qui appuyée d'un amour désintéressé peut sensiblement limiter la justice populaire au Cameroun en ceci que la notion de pardon dans une telle optique sera véritablement prônée. Toutefois, le Cameroun est un pays de paradoxes dont la diversité et la richesse sont d'une complexité inqualifiable. Cette recommandation pourrait s'avérer insuffisante pour endiguer le phénomène au regard des déterminants sus évoqués.

L'urgence se fait pressante en vue de mettre en place des moyens alternatifs de justice au Cameroun pour répondre à la crise de la justice institutionnelle et au problème de justice populaire. C'est pourquoi il est important de refaire vivre la palabre afin de réunir les criminels, victimes, témoins et personnes-ressources autour de procès communautaires à la recherche de la vérité, du pardon des auteurs des fautes et de la réconciliation. A cet effet, le pardon ne doit pas être circonstanciel ni une injonction, mais le fruit d'un élan profond et sincère.

Aussi, la justice transitionnelle dans les villes avec le regroupement de plusieurs communautés peut se pratiquer à travers la désignation des représentants des personnes par secteur d'activité et par zones de résidence. Il peut y avoir un chef des « benskineurs » ou des vendeurs à la sauvette d'un marché donné, l'important étant d'avoir un responsable dont la légitimité est approuvée par les membres de sa communauté immédiate. Cela permettrait effectivement en situation de faute par exemple que le présumé coupable soit amené devant cette autorité pour trouver une solution de paix qui se résume soit à rembourser

---

[37] Éphrem DANNON, *Justice populaire et conscience juridique collective : Réflexions à partir d'éléments survenus au Benin*, La croix du salut, 2015.

le bien détourné, soit demander pardon. Toujours est-il qu'il faut mettre en avant l'aspect humain et les droits y afférents. Le ministère de la Justice pourrait travailler dans ce sens pour avoir des personnes-ressources dans les différents secteurs d'activités, mais aussi les former aux droits humains et collaborer avec ceux-ci pour le bien-être de tous.

Aussi, inciter les individus, les citoyens camerounais à la dénonciation, à la coopération. Cela est un devoir citoyen de coopérer avec les instances chargées de protéger les personnes et les biens. Nous sommes d'accord sur l'évidence. L'institution dans le domaine au Cameroun doit faire des efforts pour bonifier le système. Cependant, il est important que les populations coopèrent et dénoncent les actes de barbarie, de justice populaire afin de limiter au mieux cette pratique. Les auteurs se livrant à cette tendance doivent être sévèrement punis. Comment imaginer le niveau de violence d'un homme qui va jusqu'à mettre du piment dans les parties génitales d'une femme, prenant plaisir à faire une vidéo de son crime ? Il y a ici une idée de dérive qui traduit la cruauté, la perdition, la misogynie. L'on serait tenté de penser qu'il s'agit pour cet individu non pas de l'expression de la colère de l'instant née d'un prétendu vol de téléphone, mais probablement d'un chagrin dont la douleur est encore vive, animant ainsi une animosité féroce à l'égard des femmes. Sinon comment comprendre l'expression de pensées aussi dégradantes et macabres vis-à-vis de l'humain ? De telles pratiques doivent être dénoncées.

Par ailleurs, les autorités doivent garantir la protection aux personnes qui dénoncent. Leurs identités par mesure de sécurité doivent être protégées, voire cachées. Les sources de dénonciation doivent cependant être crédibles et répondre véritablement aux questions posées de peur d'assister à des règlements de compte.

Les citoyens sont alors interpellés ici, car il est de notre devoir de rendre notre société viable en créant des mécanismes de coopération participative avec la justice. À cet effet, le ministère de la Justice dans l'optique de susciter l'intérêt à la dénonciation doit encourager les personnes à le faire à travers des avantages comparatifs comme des primes dont le montant serait fonction des conditionnalités de vérifiabilité et de responsabilité.

2. Le rôle de sensibilisation des cibles par les organisations de promotion et de défense des droits de l'homme

L'urgence de l'action dans l'optique de limiter considérablement le phénomène de justice populaire passe par la sensibilisation. Alexandra TCHUILEU évoque le rapport d'activités 2017 de la Commission nationale des droits de l'homme et des libertés au Cameroun. Cet organe est sensible à la recrudescence du phénomène de justice populaire au Cameroun ces dernières années. Pour remédier à la crise de la vindicte populaire, la Commission propose de planifier et mener des campagnes de sensibilisation de la population visant à éradiquer les actes de cette pratique. Elle préconise par ailleurs l'encouragement des populations à dénoncer les auteurs de ces actes afin de les sanctionner.[38] Dans le cas du Cameroun, le rôle de la société civile est déterminant.

La palabre est une coutume de rencontre et de création ou de maintien de lien social. Cela permet également de régler un contentieux sans que les protagonistes soient lésés. En Afrique, on se réunit au pied de l'arbre à palabre,

[38] Alexandra TCHUILEU, « Bilan des activités et celui sur l'état des droits de l'homme au Cameroun en 2017 », *Cameroon tribune,* novembre 2018.

généralement le Baobab pour discuter des décisions importantes à prendre pour l'avenir d'une communauté.[39]

3. Développement de la conscience nationale

L'État camerounais doit œuvrer activement dans le processus de renforcement de sa puissance et de consolidation de son ossature. Il doit marquer son autorité non pas simplement dans les grandes métropoles du pays et principalement dans la capitale politique, mais aussi l'étendre dans les régions reculées afin de contrecarrer la montée en puissance de l'insécurité qui se traduit effectivement par la recrudescence de la justice populaire. Il doit dès lors lancer une vaste campagne de sensibilisation dans le but d'informer les populations sur la nécessité de laisser les institutions de la République se charger des cas considérés comme répréhensibles dans la société. Par ailleurs, il faut travailler dans le but de développer une conscience nationale. Cette conscience serait la base de la vie en société pour envisager ensemble les objectifs de développement.

Il s'agit d'une étape nécessaire à la lutte contre la justice populaire, cause de désolation dans la société africaine en général et au Cameroun en particulier.

B. Urgence de l'action de l'État

1. Refonte du système éducatif

L'éducation est un puissant vecteur si ce n'est le principal moteur de développement. De la qualité de la socialisation dont bénéficie la jeunesse surtout dans un pays où la population est essentiellement jeune, dépend son développement. Cette réalité montre clairement que le développement ne peut se bâtir qu'avec une jeunesse ayant

---

[39] Youphil, *L'arbre à palabre, concept africain à succès*, 1er mars 20011, Slate Afrique.

reçu une éducation de qualité. Pour Georges Jacques DANTON, *Après le pain, l'éducation est le premier besoin d'un peuple*[40]. C'est pourquoi, il est important que les pouvoirs publics puisque cela relève de leur devoir, redéfinissent en profondeur le système éducatif Camerounais pour le rendre plus compétitif et surtout approprié au contexte actuel.

Le monde de l'emploi est indescriptiblement rude et hostile à telle enseigne que, seuls les plus brillants et les plus performants peuvent espérer réussir à s'affirmer. Le gouvernement doit alors inciter les jeunes à s'orienter beaucoup plus vers des filières techniques et professionnelles pour constituer la main-d'œuvre que le pays recherche tout le temps à l'extérieur avec ce que cela comporte comme coût. Il y va de son intérêt de développement dont le cap de l'émergence est fixé à l'horizon 2035.

Loin des oppositions linguistiques qui reposent sur des clivages hérités de la colonisation, il importe de relever que, le système éducatif mis en place dans l'enseignement constitue un réel souci pour des milliers de jeunes renforçant ainsi le taux de chômage. Dans les écoles de formation, le manque d'appareils et d'équipements ne participe pas à former au meilleur des cas les jeunes. L'enseignement classique n'est pas en reste. Pour preuve, il y a par exemple des étudiants de Master, d'autres en Doctorat option Relations internationales qui n'ont aucune maîtrise de la langue anglaise. Il ne s'agit pas ici de dire que parler anglais garantit un emploi dans les relations internationales ou alors montrer que le taux de chômage en zone anglophone est inférieur à celui de l'espace francophone de par la langue. Il est question de souligner des aspects aux abords anodins, mais qui en réalité ne sont

---

[40] Georges Jacques DANTON (1759-1794).

pas à négliger. L'anglais, est la première langue mondiale, il est évident que sa maîtrise constitue un atout véritable pour l'homme dans le monde contemporain, dans tous les secteurs d'activité encore plus dans les relations internationales qui appellent à épouser la diversité humaine et surtout à embrasser d'autres cultures. Pour apporter une réponse appropriée à ce genre de problèmes, les pédagogues pourraient proposer au gouvernement de contraindre les élèves à ne plus fuir les cours d'anglais en cycle secondaire par une élévation de coefficient passant par exemple de coefficient 4 à coefficient 10. Cette mesure rendrait l'anglais incontournable dans le cycle général pour donner plus de chances d'emploi aux jeunes au sortir du secondaire.

La mise en œuvre de telles mesures participe de l'objectif de professionnalisation de la formation des jeunes, à travers des programmes plus spécifiques permettant l'accès rapide à l'emploi et la valorisation du talent des jeunes. La prise de conscience par les jeunes de l'important potentiel qu'ils représentent pour la société contribuerait à limiter les dérives délinquantes et les manifestations violentes de colère refoulées. Ceci appelle à la modernisation du système éducatif dans son ensemble.

Aussi, il est évident que les ressources de l'État sont tarissables. Mais, il est important d'axer les enseignements non pas uniquement sur la théorie, mais également d'accompagner les jeunes dans la pratique effective afin de les familiariser aux réalités professionnelles dans un monde où l'accès à l'emploi est hostile et compétitif. Au rang des frustrations qui catalysent la montée de la colère sociale chez les jeunes, l'on peut relever dans le cycle universitaire l'impact négatif des lourdeurs administratives sur la motivation des étudiants. À l'heure de la mondialisation, le temps est une donnée extrêmement précieuse dont l'utilisation rationnelle est une obligation pour l'affirmation sociale. Or, dans les universités publiques camerounaises en général, les cycles de Master et Doctorat recherche sont souvent un parcours du combattant où, de nombreux étudiants s'auto éliminent pour se rabattre sur les métiers du secteur informel, non par incompétence, mais plutôt à cause des dysfonctionnements de l'administration universitaire. L'éducation est à la base de tout développement et pour Victor HUGO : *Chaque enfant qu'on éduque est un homme qu'on gagne*[41]. Le Professeur Claude ABE, sociologue camerounais chevronné parle à ce sujet de *La politique de l'échelle cassée* où, ceux qui sont au sommet de l'échelle cassent celle-ci pour empêcher ceux qui auraient envie de monter, de parvenir au sommet. Concrètement, il s'agit de ces pertes de temps, ce manque de célérité souvent bien orchestrés au sein des universités publiques camerounaises par certains enseignants, directeurs de mémoire et de thèse pour empêcher et décourager les jeunes qui rêvent de faire carrière dans l'enseignement universitaire. En réalité, l'ascension sociale d'un fils académique ne devrait pas être pour son père spirituel un objet de rivalités, mais plutôt un motif de satisfaction au grand bonheur du Cameroun qui a besoin des forces vives tous ses fils et filles.

2. Opérationnalisation de la décentralisation dans son effectivité

Système de gouvernance qui vise le rapprochement de l'administration de la base, elle constitue de manière indiscutable un moteur de développement avec pour condition *sine qua non* son effectivité totale. La décentralisation au Cameroun bien qu'elle existe formellement et que le processus soit déjà lancé connaît de réelles difficultés au niveau du transfert de pouvoirs aux entités locales par l'administration centrale. En réalité, il

[41] Victor HUGO, *Les quatre vents de l'esprit*, 1881.

s'agit là d'une pratique de nature à freiner la pleine puissance de la vitesse du développement du Cameroun.

Émile ANDZE ANDZE, Président des Communes et Des Villes Unies du Cameroun (CVUC) affirmait aux assises du 6e salon de l'action gouvernementale (SAGO) que : *Le ventre mou de la décentralisation aujourd'hui c'est son financement. Et notre plaidoyer est clair. Nous avons demandé que le budget de l'État du Cameroun contribue à hauteur de 10 % par an pour le développement local. Le gouvernement nous a plutôt donné 10 % de son budget, soit 400 Milliards depuis 2010.*

Au-delà des contraintes de tutelle dite technique du ministère de l'Administration territoriale et de la Décentralisation, il y a le problème du financement auquel sont confrontées les collectivités territoriales. En effet, le financement de certains projets par le Fonds Spécial d'Équipement Intercommunal (FEICOM) ne suffit pas à appuyer promptement les difficultés des mairies. Il existe cependant une dotation générale de l'investissement aux communes n'ayant pas atteint un Budget d'Investissement Public (BIP) de 100 millions.

Opérationnaliser efficacement la décentralisation en évitant les détours contraignants de la tutelle, transférer effectivement les pouvoirs aux collectivités territoriales afin de leur permettre de s'affirmer de manière véritable aiderait à coup sûr l'accélération de la décentralisation et partant le développement local au grand bénéfice des populations. Cette situation permettrait de résorber la pauvreté, améliorer les conditions de vie des populations et naturellement réduirait le phénomène dramatique et déplorable de la justice populaire.

3. Réduire la fuite des capitaux et impliquer la société civile

Le problème avec les prévaricateurs de la République dans les pays en voie de développement d'Afrique réside fondamentalement aussi bien au niveau de l'utilisation que de la conservation des ressources financières de l'État. En effet, des sommes faramineuses sont désorientées de leurs programmes initiaux pour se retrouver dans des comptes bancaires en Europe. C'est là un double problème : Non seulement la fortune publique est vilipendée et atteinte, mais également et surtout, ces détournements ne servent en aucun cas à l'économie nationale, car, n'aidant à financer aucun projet de développement local. Le capital économique détourné s'il se retrouvait dans les banques nationales aiderait à financer des microprojets, accorder des crédits aux petites et moyennes entreprises (PME). La fuite des capitaux monétaires renforce la pauvreté et ne change en rien les conditions de vie des citoyens. Cela au contraire continue de raviver le sentiment de tensions sociales qui est à l'origine de la justice populaire.

L'homme étant un capital, la principale ressource dans le processus de développement, l'immigration clandestine des jeunes Africains aujourd'hui hors du continent est un problème qui tarde à trouver des solutions au niveau suprême des Nations Unies. Il est important que le politique s'active davantage à récupérer les ressources détournées tout en adoptant des techniques attractives incitatives au patriotisme afin de faire revenir et encourager à rester dans les pays d'origine. La croissance et le développement économiques ne sont possibles qu'avec l'implication de tous les acteurs : opérateurs économiques, corps politique et société civile.

La dernière composante citée est essentielle dans le but de maintenir la stabilité et la paix dont le secteur économique a besoin pour sécuriser les investissements avec pour finalité l'amélioration des conditions de vie des citoyens. Il s'agit de la réduction de la pauvreté qui entrainerait nécessairement une baisse significative du phénomène de justice populaire. Une classe sociale économiquement faible en trop grand nombre est la base arrière de la délinquance et des autres dérives sociales de la population.

Dans le jeu politique, le rôle de la société civile est déterminant ici en ceci que l'opposition devient de moins en moins crédible car, il existe des cas qui montrent que l'on fait de la politique dans l'opposition non par conviction, mais dans le souci d'entrer au gouvernement contre qui on est objectivement appelé à s'opposer. Dans de telles conditions, qui va pouvoir défendre les convictions des citoyens lésés si le but ultime de tous les acteurs politiques est d'intégrer le système au pouvoir ? C'est pour quoi, la société civile apparaît comme l'organe légitime de revendication à travers des actions citoyennes et ponctuelles (ONG, groupes d'intérêt, organes syndicaux, etc.). Elle doit pouvoir contribuer (notamment à travers des campagnes de sensibilisation, des messages dans les églises, des mosquées) à construire un sentiment patriotique chez les citoyens, dans l'optique de coopérer avec les autorités pour réduire à la plus faible expression la justice populaire. Elle doit par ailleurs pouvoir se mobiliser dans le souci de répondre alternativement à la crise de la justice institutionnelle au travers notamment la justice transitionnelle. Ainsi, elle doit être une force de proposition et de désignation dans des zones précises, de personnes capables de régler des problèmes précis quand le besoin s'impose. Pour cela, elle doit montrer sa détermination afin de garantir sa légitimité.

II. FONCTIONNEMENT ADMINISTRATIF

A. Réduction du train de vie de l'état

Les programmes d'ajustement structurel ont laissé un doute dans les esprits des fonctionnaires camerounais au point où parler de réduction du train de vie de l'État en cette période post-programme serait remuer les souvenirs d'un passé aux conséquences déplorables. Pourtant, la question de la réduction du train de vie de l'État occupe les esprits depuis bien des années. Il importe de relever que c'est que dans un souci de conservation de pouvoir que, les hommes de rang et de confiance s'éternisent à des postes stratégiques, pillant impunément les caisses de l'État sous le regard désabusé d'une jeunesse qui n'a d'autre ressource que la colère et la violence.

Dura Veritas, Sed Veritas. La réalité gouvernementale du Cameroun dans un contexte de raréfaction des ressources est un problème qu'il ne faut surtout pas négliger. Avec environ 41 ministres auxquels on associe les secrétaires d'État, vices ministres et assimilés poussant l'effectif à près de 62, il est évident que le gouvernement camerounais est plus que pléthorique et manquerait d'efficacité.

Dans l'hypothèse où l'on a des ministres fantoches nommés pour des raisons d'intérêts stratégiques et des ministres réels exerçant pour assurer la continuité de l'État, il est logique d'observer cet effectif considérable. Cependant, le Cameroun connait actuellement une situation sociopolitique délicate. Les contraintes économiques et les réalités conjoncturelles obligent à la redéfinition du fonctionnement administratif pour réellement servir le peuple dans la lutte contre la pauvreté et l'amélioration des conditions de vie des citoyens.

À titre comparatif, il faut observer 41 ministres pour 24 millions d'habitants au Cameroun, contre 14 ministres pour 80 millions d'âmes en Allemagne. Aux États unis, trois cent vingt-cinq millions de citoyens pour quinze ministres. D'aucuns brandiraient l'argument des réalités spécifiques. *Le Cameroun c'est le Cameroun*, dit-on souvent. Pourtant, même si la réalité camerounaise appelle à des politiques précises, il n'en demeure pas moins que les contraintes macro-économiques et sociopolitiques exigent une urgente adaptation de notre gouvernance administrative.

Un député de la Nation affirmait au quotidien *Le Jour* dans sa parution du 8 novembre 2013, qu'*un ministre coûte à l'État au moins 300 millions de FCFA (...) sans piquer dans les caisses. Cette somme englobe les frais de mission, prime de représentation, voiture de service, bons de carburant.* C'est impressionnant si l'on évalue avec en prime les ministres délégués, ceux des assemblées, les vices ministres, les secrétaires d'État..., il faut conclure qu'il s'agit d'un gouvernement budgétivore !

Au-delà des dépenses liées au fonctionnement ordinaire, il est saisissant de voir des missions fictives orchestrées au sein de l'administration camerounaise de par la nature égoïste de l'homme transformée en cupidité chez d'autres dans le but de bénéficier de frais supplémentaires. Le spectacle auquel se livrent certains tend au ridicule en réclamant par exemple de surcroit et aux frais de l'État, des prestations privilégiées sur les lignes des compagnies aériennes occidentales.

Ce qui est important pour réduire la pauvreté, améliorer les conditions de vies des citoyens et résorber consubstantiellement le phénomène déplorable, mais surtout dramatique de la justice populaire, d'un certain point de vue est de limiter le train de vie de l'État pour faire des économies budgétaires de fonctionnement que l'on pourrait réinjecter dans les projets de développement. Aussi, il est urgent d'améliorer la gouvernance de l'administration pour la rendre efficace et véritablement au service des citoyens.

Il faut reconsidérer la structuration du gouvernement, supprimer globalement les emplois fictifs, promouvoir la méritocratie et la technocratie en organisant réellement des concours d'accès à la fonction publique. Il faut en finir avec les situations regrettables des issues prévisibles auxquelles les Camerounais sont habituellement confrontés, en vertu desquelles l'accès aux grandes écoles de formation donne difficilement les mêmes chances aux candidats selon qu'ils soient fils d'agriculteur, de directeur d'entreprise publique, d'ambassadeur ou de mécanicien. Loin de ce travail la volonté de jeter du discrédit sur la formation octroyée ou alors sur le mérite des lauréats. Cependant les irrégularités observées dans l'organisation des concours d'entrée aux écoles élitistes de l'administration camerounaise deviennent très récurrentes [42] et décrédibilisent tout le système administratif et judiciaire aux yeux des citoyens.

À situation d'exception, mesures d'exception. Dans le contexte de raréfaction des ressources due à un certain nombre de réalités à savoir les crises économiques internationales qui n'épargnent pas le pays, la chute du prix des pétroles et surtout la lutte contre le terrorisme qui appelle à mobiliser suffisamment de ressources, il est urgent de rompre avec la mauvaise gouvernance et le gaspillage des ressources.

---

[42] Avec le nom d'un candidat qui apparaît dans deux options du concours pourtant l'évaluation se passe le même jour, ou l'existence sur les listes définitives de noms de personnes décédées bien avant le concours, le trafic d'influence.

Par exemple en matière d'éducation, au lieu des ministères de l'Éducation de base, des Enseignements Secondaires, Enseignement supérieur et celui de la Formation professionnelle, pourquoi ne pas mettre sur pied un ministère unique de l'Éducation nationale ?

Par ailleurs, il est important de limiter le problème de cumul de fonctions qui rend nos entreprises publiques moins compétitives. Il n'est pas évident par exemple d'atteindre l'efficacité à travers une gestion axée sur les résultats lorsque pour une entreprise publique, le président du conseil d'administration est automatiquement le ministre de tutelle, porté à assurer logiquement un contrôle aussi bien pour la direction générale que pour le conseil d'administration de la même entreprise.

B. Déclaration des biens

Le législateur camerounais a prévu dans le cadre de la protection de la fortune publique, l'article 66 de la Constitution visant la déclaration des biens : *Le Président de la République, le Premier ministre, les membres du Gouvernement et assimilés, (...) les Directeurs généraux des entreprises publiques et parapubliques, (...) tout gestionnaire de crédits et des biens publics, doivent faire une déclaration de leurs biens et avoirs au début et à la fin de leur mandat ou de leur fonction.* L'applicabilité effective de cet article permettrait précisément aux autorités en charge de la protection de la fortune publique de cibler plus facilement ces prévaricateurs de la République pour faire des recouvrements nécessaires à la réalisation de projets de développement.

CHAPITRE VII

EFFORTS SOCIO-ÉCONOMIQUES

Il s'agit ici d'aborder les aspects sur lesquels le gouvernement camerounais doit clairement adopter des politiques publiques productives par souci de promotion d'une gouvernance économique inclusive.

I. RÉINVENTER L'AGRICULTURE POUR ATTEINDRE LE PLEIN-EMPLOI ET L'AUTOSUFFISANCE ALIMENTAIRE

De nombreux programmes de promotion de l'entrepreneuriat agropastoral des jeunes existent au Cameroun (PEA-Jeunes, Enable Youth…). Entre autres, le programme d'appui à la rénovation et au développement de la formation professionnelle dans les secteurs de l'agriculture, de l'élevage et des pêches (AFOP), le programme d'appui à l'installation des jeunes agriculteurs au Cameroun (PAIJA)… les programmes ne se comptent plus. *La terre ne trahit jamais. N'ayez pas peur de franchir le pas. Soyez les entrepreneurs agricoles dont le Cameroun a besoin.* Le Président de la République s'adressant à la jeunesse un 10 février à la veille de la fête nationale de la Jeunesse démontrait l'importance de la mise en valeur du secteur agricole par les jeunes.

La mission de tous ces programmes spécifiques est d'accompagner les jeunes promoteurs agricoles. Ils s'articulent autour de neuf (9) pôles majeurs à savoir :

- L'appui au montage et à la maturation des projets ;
- La formation dans les métiers agricoles ;
- L'encadrement et l'appui-conseil ;

- l'incubation des jeunes agriculteurs porteurs de projets ;
- La coordination et la gestion de projets ;
- Le financement des projets ;
- L'appui à la mise en marché des produits agricoles ;
- L'action d'accompagnement en matière de structuration et de production agropastorale ;
- L'appui à la transformation des produits agricoles.

Le secteur agricole constitue un point d'enrichissement certain pour qui s'y investit. Pourtant l'agriculture est encore pratiquée de manière archaïque par une population rurale vieillissante, faisant face à de nombreuses contraintes. Notamment les difficultés d'accès à la terre, difficulté d'accès au crédit, manque d'infrastructures (routes, pistes, espaces de stockage…), difficulté d'accès aux intrants agricoles (engrais, semences…)… L'agriculture est pourtant un secteur porteur dont les potentialités semblent parfois être ignorées. Il faut concrètement continuer d'inciter la jeunesse à s'y orienter et à la professionnaliser comme filière d'avenir.

L'agriculture est un puissant moteur de développement, de croissance et un moyen de plein-emploi. Une forte production permettrait d'assurer l'autonomie alimentaire du Cameroun et de contribuer à celle de l'Afrique et du monde dans le but d'accumuler des capitaux indispensables au développement de notre pays. Pour cela, des infrastructures sont nécessaires notamment la création des banques agricoles dans le souci d'accompagner les acteurs du secteur afin d'assurer la modernisation des moyens de production et promouvoir la transformation locale des produits.

Cela éviterait d'être négativement confronté aux réalités des termes de l'échange qui n'avantagent que les pays développés et les pays industrialisés qui transforment les produits qu'offrent les pays pauvres et les leurs revendent à des tarifs exponentiels.

II. COURTISER LES INVESTISSEURS ÉTRANGERS ET LES CAMEROUNAIS DE LA DIASPORA

Au-delà des salons qui peuvent être organisés par le Cameroun pour attirer les investisseurs, il faut plus d'attractivité, développer des stratégies et des techniques d'assouplissement des procédures pour favoriser l'installation des investisseurs étrangers et de la diaspora camerounaise.

Des informations de la Banque mondiale font état des montants transférés par la diaspora africaine au continent africain à hauteur de 429 Milliards de Dollars en 2016, soit un recul net de 2,4 % par rapport à 2015 où ils s'élevaient à 440 Milliards de Dollars. Les mêmes informations faisaient état de ce qu'en 2016, le Nigeria était en tête des pays bénéficiaires de sa diaspora avec un montant qui avoisinerait les 19 Milliards de Dollars[43].

La diaspora est un atout majeur pour chaque pays, encore plus pour les pays en voie de développement. Elle joue un rôle important dans le produit intérieur brut de tout pays. Ayant pris la mesure de la chose, le Cameroun a décidé d'organiser un forum consacré uniquement à la diaspora. Pour Louis Henri NGANTCHA, président du "Réseau africain de la coopération décentralisée", *(...) Il fallait bien prendre cette initiative un jour, car la diaspora camerounaise est importante. C'est une richesse pour le Cameroun. Elle peut apporter beaucoup et je dirai*

---

[43] Suivi du Sénégal et du Ghana avec 2 milliards, du Kenya avec 1, 7 milliards, de l'Ouganda (1,1), le Mali (0,8), l'Afrique du Sud (0,7), l'Éthiopie (0,6) et Madagascar (0,4) pour clôturer les dix pays africains qui reçoivent le plus de fonds de leurs expatriés.

qu'aucun pays au monde ne peut et ne doit se développer sans sa diaspora[44].

Une diaspora souvent en manque de repères. Il est évident que les informations des réseaux sociaux très souvent déformées peignent le pays en noir ; il est dès lors important d'avoir sur le terrain des personnes capables d'orienter ces Camerounais qui souhaitent revenir investir en toute sécurité dans leur chère patrie. C'est pourquoi, au fonds national de l'emploi (FNE), il a été mis en place depuis 1996 le Programme d'Appui au retour des immigrés camerounais (PARIC).

Le PARIC vise à faciliter le retour au pays des Camerounais de la Diaspora par le biais d'un accompagnement spécialisé dans leur processus d'insertion professionnelle aussi bien en emploi salarié qu'en auto-emploi.

Seulement, il y a un manque réel de communication sur de tels programmes, car généralement, les Camerounais se trouvent malheureusement spoliés par leurs frères par ignorance. Il faut dans le processus de réinsertion des Camerounais de l'étranger que l'on assiste les candidats, en mettant à leur disposition des informations précises et surtout fiables, pour faciliter leur accompagnement avec efficacité.

---

44 Camerpost, Forum de la diaspora tenu au Cameroun du 28 au 30 juin 2017.

CHAPITRE VIII

RENFORCEMENT DU CADRE JURIDIQUE

La lutte contre le phénomène de justice populaire dans le contexte socio-économique d'Afrique subsaharienne passe par une reconsidération de l'aspect juridique. En effet, des efforts doivent être entrepris dans le but de limiter cette gangrène donc la récurrence n'est plus à démontrer au Cameroun. Pour ce faire, il est important sinon urgent d'améliorer le climat des affaires, légiférer clairement sur la double nationalité et juridiquement donner plus de moyens aux structures de base chargées de la protection des droits des citoyens.

I. AMÉLIORER LE CLIMAT DES AFFAIRES

En Afrique subsaharienne et au Cameroun en particulier, point besoin d'évoquer la situation macro-économique en crise et les conséquences de celle-ci sur les populations : tensions sociales soutenues par la recrudescence de la justice populaire. Situation liberticide qui implique dans le cadre de l'adoption d'une réponse précise, une volonté réelle des acteurs dans une synergie d'actions. La concertation impose de ce fait d'opérationnaliser des mesures concrètes pour sortir les citoyens du carcan de la pauvreté et envisager sereinement la croissance.

Cette croissance ne peut s'enraciner sans que soient adoptées des politiques publiques propices et des actions fortes. L'amélioration du climat des affaires fait partie des actions ayant pour but d'attirer les investisseurs afin d'accumuler les capitaux et les devises nécessaires au développement.

L'ex Premier ministre camerounais YANG Philémon, à la 8e édition du Cameroon business Forum (CBF) mettait alors en exergue les différents efforts incitatifs du gouvernement en évoquant principalement la réduction des délais d'obtention du permis de construire, la mise en place de procédure de conciliation OHADA, la promulgation de la loi fixant le capital social minimum et les modalités de recours pour la création de Sociétés à Responsabilité limitée (SARL) entre autres[45].

Il faut se résoudre à admettre que malgré les besoins, on ne peut pas tout faire tout de suite. Il convient de se concentrer sur les infrastructures essentielles, sur les projets avancés au lieu d'en multiplier indéfiniment[46]. Cette appréciation de la patronne du FMI résulte de l'action gouvernementale au moment où le Cameroun est engagé dans une vaste série inédite de projets pour l'émergence à l'horizon 2035.

Il est important de souligner la nécessité de produire une législation précise et adéquate au climat des affaires. Cela passe par la réduction des délais et la simplification des procédures de dédouanement pour rendre les différents ports plus compétitifs sur le plan sous régional, voire régional.

Sur le plan foncier, une réforme aiderait davantage les investisseurs tant nationaux qu'étrangers à massivement s'impliquer dans le secteur de l'agro-industrie avec pour finalité l'augmentation des exportations.

Pour la Banque Mondiale, il faut *promouvoir la croissance en passant d'un modèle de croissance tirée par l'accumulation des facteurs et l'innovation puis favoriser la compétitivité en encourageant la concurrence au niveau local, régional et global*[47].

---

[45] Alliance NYOBIA, Camerpost, Cameroon Tribune.
[46] Christine LAGARDE, *Jeune Afrique* du 8 janvier 2016.
[47] Source Camerpost.

II. LÉGISLATION PRÉCISE SUR LA DOUBLE NATIONALITÉ

La double nationalité aujourd'hui constitue un problème sérieux qui par acuité finit par se transformer en problème de gouvernance. La double nationalité à la différence de ce qui se dit est un avantage qui permettrait à coup sûr le développement du pays à condition qu'elle soit encadrée par une législation précise.

Concrètement, il n'est pas difficile de confluer à ce qu'elle soit un problème quand elle se transforme en refuge pour les insatiables prédateurs de la fortune publique. Avec tous ceux qui dans les secteurs stratégiques de l'administration s'en prévalent en cas de démêlés avec la justice, la législation doit être rigide, ferme et sans condescendance, car la stabilité et la sécurité du Cameroun et de ses ressources doivent être une affaire de tous et de chacun. La loi doit être extrêmement rigide pour tous ceux qui souhaitent mettre le Cameroun à genou et rentrer ensuite dans leur « autre pays ».

Par ailleurs, il est inexplicable, pour un Camerounais résidant à l'étranger qui souhaite retourner sur ses terres d'origine investir et participer ainsi activement au développement et au rayonnement de son pays, que lui soient imposées les conditions d'un investisseur étranger du fait de sa double nationalité. C'est une erreur. Il est précis dans la législation en vigueur que la nationalité camerounaise se perd par l'acquisition d'une nationalité autre. Le législateur pour l'intérêt commun doit produire véritablement des textes qui tiennent compte de l'époque et du contexte à ce sujet surtout quand il s'agit des intérêts économiques vitaux de la Nation.

III. PLUS DE MOYENS AUX ENTITÉS EN CHARGE DE LA PROTECTION DES DROITS DE L'HOMME

La dignité humaine est une valeur sacrée et reconnue tant au niveau mondial, régional que national. En effet, le Cameroun a ratifié de nombreux accords internationaux reconnaissant des droits aux individus de par la nature humaine. La justice populaire est un ennemi des droits de l'Homme. C'est pourquoi il est important de lutter efficacement contre cette gangrène. Une telle lutte passe par l'attribution de plus de moyens aux entités de base en charge de la protection des vies humaines. Un effort s'impose au sens juridique pour le renforcement des attributions des organes en charge de veiller à la protection des droits des citoyens et de la fortune publique. Des institutions comme la CONAC et la CNDHL[48] ne doivent pas simplement avoir un regard consultatif sur les dérapages des finances publiques, mais également un pouvoir de répression.

Les brigades de gendarmerie, les postes de police qui sont à la base doivent juridiquement jouir d'un budget important pour plus de promptitude, d'efficacité et d'efficience lors des interventions en cas de justice populaire. Un tel effort budgétaire juridiquement approuvé par le parlement éviterait des réponses de manque de carburant ou d'effectifs en cas de sollicitation. Ces moyens supplémentaires rendraient les unités toujours parées pour les interventions.

---

[48] CONAC : Commission nationale Anti-Corruption ; CNDHL : Commission Nationale des Droits de l'Homme et des Libertés.

CONCLUSION PARTIE III

Il ressort clairement de ce développement, la nécessité de promouvoir des efforts sociopolitiques dans l'optique de sensibiliser, d'inciter la coopération entre les populations et les institutions en charge des cas d'atteinte à l'intégrité de la personne et enfin de promouvoir le développement d'une conscience collective. Il est tout aussi important que l'État envisage l'assainissement des églises dites "réveillées", mette en œuvre plus de politiques publiques incitatives et inclusives de la décentralisation, contribue à réduire la fuite des capitaux et à attirer les investisseurs par des mécanismes réels et efficients.

CONCLUSION GÉNÉRALE

Décriée par certains, soutenue par d'autres, la justice populaire reste une réalité amplifiée dans les sociétés en développement, les sociétés en crise et dans les villes où, les autorités semblent dépassées par le désordre urbain. Fondamentalement, elle constitue un ennemi redoutable aux droits de l'Homme, un frein au sens de l'État de droit, dynamique contemporaine que le Cameroun semble progressivement épouser. Cette réalité ambiante résumée sous forme de barbarie primitive et moyenâgeuse qui déshumanise l'Homme se nourrit principalement d'un concours de plusieurs facteurs. Le premier de tous se résume à l'incomplétude du processus de greffe de l'État. La justice populaire traduit la non-appropriation du concept d'État-nation qui impose que l'on remette dans la perspective contractualiste sa souveraineté à une entité plus puissante dont le rôle est d'assurer la sécurité de tous. Pour lutter contre cette gangrène tirant ses sources des mentalités, il est urgent de sensibiliser les citoyens afin que les dérapages sociaux soient exclusivement réprimandés par la justice institutionnelle. Aussi, la notion de Nation qui implique un passé commun oriente dans le futur, les citoyens d'une même patrie au même destin. Cette conscience de l'avenir commun doit être prônée. Une telle vision conduit à la nécessité d'accepter autrui pour ensemble, poursuivre les objectifs de développement.

Par ailleurs, il faut dire que la recrudescence de la justice populaire est également le fruit des crispations sociales, de la pauvreté et des contraintes internationales d'une rigidité qui de loin ne permettent pas aux citoyens démunis d’envisager un futur meilleur. En attendant, il est judicieux que le politique crée des conditions optimales pour tous, que les citoyens continuent de pratiquer ce qui en tout temps a toujours été le propre et l’identité même de l’Africain : la solidarité. Une telle solidarité est créatrice de charité, valeur fondamentale dans l’entraide sociale et l’acceptation de l’autre.

Ce qui est important en dernier ressort c’est, d’œuvrer tous, à la consolidation du vivre ensemble et de l’unité nationale pour vaincre ces difficultés et s’affirmer en tant que Nation véritable, consolider la conscience nationale et l’objectif partagé de construire un État de droit par nos valeurs fondées sur l’humain, quelles que soient les contraintes sociales. Cette vision permettra d’entreprendre de consolider les liens et de s’accepter dans la diversité pour supporter ensemble les crispations et les frustrations sociales renforçant par ricochet le sentiment de patriotisme. Cela peut également se traduire dans la légitimité à travers la mise en place d’une justice dite transitionnelle.

Le patriotisme est à la base de toute conscience nationale, valeur nécessaire à tout processus de développement. Seuls l’acceptation d’autrui, la solidarité, la charité, la conscience nationale, un vivre ensemble renforcé, une gouvernance améliorée, des efforts politico-administratifs concrets, la lutte véritable contre la pauvreté et la transformation des mentalités vont créer les conditions nécessaires à l’atténuation de la justice populaire dont les conséquences laissent amertume, tristesse et désolation. De telles conditions permettront assurément de regarder tous vers la même direction, celle de l’émergence dont le cap est fixé à l’horizon 2035.

RÉFÉRENCES BIBLIOGRAPHIQUES

ATEBA (Bertrand), *Théories post-guerre froide des relations internationales : l'intelligence en désarroi*, Recherches internationales, N° 102, janvier-mars, 2015.

AXWORTY (Lloyd), « La sécurité humaine : la sécurité des individus dans un monde en mutation », *Politique étrangère* 1999/64-2/pp. 333-342.

BADIE (Bertrand), *Le temps des humiliés : Pathologie des relations internationales*, Odile et Jacob, 2014.

Banque mondiale.org, 21/04/2017, Rita RAMALHO, directrice par intérim du groupe des indicateurs mondiaux de la banque mondiale.

BARNI (Jules), *La morale dans la démocratie*, paris, librairie GERMER, Baillere, 1868.

BELOMO ESSONO (Pélagie Chantal), *l'ordre et la sécurité publics dans la construction de l'État au Cameroun,* thèse de Doctorat en sciences politiques, *Institut d'études politiques de Bordeaux, Université Montesquieu-Bordeaux IV*, 2007.

BINAM (Alphonse Donatien), *Paroxysme de la justice populaire dans un contexte de mal gouvernance des systèmes politiques africains : cas du Cameroun*, Edilivre, 2018.

Camerpost, *04/02/2016, parution du 01/07/2017.*

Camerpost, *Forum de la diaspora tenu au Cameroun* tenu du 28 au 30 juin 2017.

Charte africaine des droits de l'homme et des peuples.

CHAUTARD (Sophie), *Géopolitique des religions, constats et enjeux*, 2008, Studyrama perspectives.

Code Pénal Camerounais.

COLLON (Michel), *Bush le cyclone*, Les éditions Oser dire, Paris, janvier 2006.

Constitution du 18 janvier 1996.

DANNON (Éphrem), *justice populaire et conscience juridique collective, réflexions à partir d'éléments survenus au Benin*, La croix du salut, 2015.

De BRIE (Christian), *Les beaux jours de la corruption française*, le monde diplomatique, 1997.

Déclaration universelle des droits de l'homme de 1948.

Décret n° 2005/187 du 31 mai 2005 portant organisation et fonctionnement de l'ANIF.

Décret N° 2006/08 du 11 mars 2006 portant création et organisation de la CONAC, entendue commission nationale anticorruption.

Dikallo, 11 août 1987.

DURKHEIM (Émile), *les formes élémentaires de la vie religieuse. Le système totémique en Australie*, Paris, PUF, 1912.

ELIAS (Norbert), La dynamique de l'Occident, Paris, Calmann Levy, 1975.

GAXIE (Daniel), *La démocratie représentative*, Montchrestien, 2000.

GENET (Jean-Philippe), l'État moderne *: Genèse, bilan et perspectives, acte du colloque du CNRS*, Paris, 1990, *La genèse de l'État moderne*, acte de la recherche en sciences sociales, n° 118, juin 1997 pp. 3-18.

HAURIOU (Maurice), *Précis de droit constitutionnel*, Paris, Sirey, 2e Edition, 1929.

HUGO (Victor*), 1802-1885, Les quatre vents de l'esprit,* 1881.

KAMTO (Maurice), *Déchéance de la politique, décrépitude morale et exigence éthique dans le gouvernement des hommes en Afrique*, Edition Mandara, décembre 1999.

KEBA MBAYE*, Les droits de l'homme en Afrique,* Paris, Ed A. Pedone, 1992.

Le nouveau (LITTRÉ), édition augmentée du petit Littré, Garnier, 2004.

LECLERCQ, *in Libertés publiques,* 3e Édition, Paris, Litec, 1996.

Lévi-Strauss, *les structures élémentaires de la parenté,* Paris, Presses universitaires de France.

LOCKE (John), *Essai sur le gouvernement civil*, 1690.

Loi N° 2004/017 du 22 juillet 2004 portant orientation de la décentralisation.

Loi N° 2004/18 du 22 juillet 2004 fixant les règles applicables aux communes.

Loi N° 2009/019 du 15 décembre 2009 portant fiscalité locale.

Loi N° 2011/028 du 14 décembre 2011 portant création d'un tribunal criminel spécial.

Loi n° 2012/011 du 16 juillet 2012 modifiant et complétant certaines dispositions de la loi N° 2011/028 du 14 décembre 2011 portant création du tribunal criminel spécial.

Montesquieu, *De l'Esprit des lois*, Paris, Éditions Gallimard, 1995.

NGOA TABI (Henri), *Document de stratégie pour la croissance et l'emploi, comment atteindre la croissance à deux chiffres,* éditions, Afredit.

NGUELIEUTOU (Auguste), *l'évolution de l'action publique au Cameroun : l'émergence de l'État régulateur*, Polis, 2008.

NGUIDJOL (Antoine), *Platon ; Procès de la démocratie africaine*, 2008.

NGUIDJOL (Antoine), *Platon, procès de la démocratie africaine*, Éditions Harmattan, 2008.

NKOU MVONDO (Prosper), *La justice parallèle au Cameroun la réponse des populations camerounaises à la crise de l'État*, Éditions juridiques associées, 2002/2 n° 51-52/ pp. 369-381.

NOUWADE (Gameli), *la vindicte populaire au contact du droit pénal*, projet de thèse en droit privé, sous la direction de jean Baptiste PERRIER, Clermont Auvergne en cotutelle avec l'Université d'Abomey Calavi-Benin, 2016.

NTAMAHUNGIRO (Joseph), *Les causes de la pauvreté en Afrique subsaharienne et les enjeux pour en sortir,* Conférence donnée à Palma De Majorca au séminaire dont le thème : *Stratégie de lutte contre la pauvreté en Afrique subsaharienne,* du 22 au 24 avril 2008.

PISTORI (Marc), *la sagesse de nos colères : de la colère qui détruit à la colère qui construit,* Les éditions de l'homme, 2010.

RICŒUR (Paul), *Éthique et politique*, Esprit, mai 1985.

Rolland (Patrice), La protection des libertés en France, Dalloz, 1995.

SCHWARTZENBERG, *l'État spectacle*, Paris, Flammarion 1980.

WEBER (Max), *Essai sur la théorie de la science,* Paris, Plon, 1965.

ZIEGLER (Jean), *Les réfugiés de la faim*, in le monde diplomatique, mars 2008.

TABLE DES MATIÈRES

www.ingramcontent.com/pod-product-compliance
Lightning Source LLC
LaVergne TN
LVHW021233061026
849535LV00008B/3040
* 9 7 8 2 3 4 3 1 9 3 1 5 1 *